경청의 실행

경청의 실행

생각과 행동 변화의 DNA

한국은 지음

유비온

TESTIMONIAL
추천사 1

이 책은 진중한 삶을 추구하는 분들에게 특별히 추천하며 필독을 권하고 싶다. 경청은 깊은 사유와 진솔한 인간관계를 만들고 내 의견을 바르게 말할 수 있을뿐더러 상대방 입장에서 바라봐 줄 수 있는 인품 있는 리더십을 작동시키기 때문이다.

먼저, 경청하는 방법을 체계적으로 연구하고 대학교에서 검정받은 경청실행 매뉴얼을 세상에 공유해 주신 저자 한국은 박사께 감사의 말씀을 올린다. 그리고 경청의 중요함과 저자의 연구내용을 인정하여 귀하게 출판해 주신 유비온 임재환 대표께도 감사를 드린다.

추천사에 대한 글 부탁을 받고 흔쾌히 응한 것은 학문적으로 인연 맺은 두 분을 오랜 세월 가까이서 뵈며 인간적으로나 학문적으로 존경하고 신뢰하는 마음이 동하였기 때문이다. 더욱이 감성적 이유로는 첫째, 경청이라는 주제가 너무나 보편적이고, 선행연구가 없어서 쉽지 않은 연구테마임에도 불구하고, 저자의 진중한 삶의 대도에서 보여주듯 경청을 인간의 삶 가운데 가장 중요한 요소로써 연구하였기 때문이다. 둘째는 나도 한때 공부방법을 연구하면서 견청고언(見聽考言), 즉 '보면서 듣고 생각한 다음 말하기'를 인생태도의 가장 중요한 덕목으로 생각하고 학생들을 지도한 적이 있었기에 이 책이 경청에 대한 실행 매뉴얼로써 많은 독자들에게 읽혀지기를 바라는 간절함이 있어서이다.

경청의 사전적 의미는 '귀를 기울여 듣는다'이나, 산업안전대사전에는 '상대의 말을 듣기만 하는 것이 아니라, 상대방이 전달하고자 하는 말의 내용은 물론이며, 그 내면에 깔려있는 동기나 정서에 귀를 기울여 듣고 이해된 바를 상대방에게 피드백하여 주는 것'이라고 설명하고 있다.

이 책에서는 경청을 '메시지를 받아들이고 메시지로부터 의미를 구성하고, 말로 된 메시지나 비언어적인 메시지에 반응하는 것'이라고 국제경청협회의 합의내용을 바탕으로 하여 발전된 차원에서 정의하였다. 경청을 단순히 정지된 상황에서의 경청이 아니라 일련의 프로세스로 경청을 설명한 것이다. 아울러 경청은 기본적으로 외부의 정보를 받아들이고, 의미를 구성하고, 그리고 반응한다는 3단계 인지구조적인면을 강조하면서 정서적인 측면과 동기적인 측면도 내재화되어 있다고 설명한다.

저자는 대학교에서 10여 년간 경청 과목을 가르치면서 한 학기 동안 경청 과목을 학습한 학생들의 반응 '너와 함께 있으면 왠지 편안해져', '네가 평소 너 같지 않고 다른 사람 같아', '속상한 일이 있으면 제일 먼저 너를 찾게 돼'라고 얘기해 놀라웠다고 소개했는데, 이는 미하엘 엔데의 소설 주인공 모모의 역할을 연상케 한다.

알려졌다시피 모모는 누구도 따라 할 수 없는 재주를 갖고 있었다. 바로 다른 사람의 말을 경청하는 재주였다. 모모는 결정을 내리지 못하거나 어떻게 해야 할지 모르는 사람들이 문득 자신이 무엇을 원하는지 정확하게 알게끔 귀 기울여 들어줄 줄 알았다.

경청기법은 그동안 카운슬링이나 코칭, 환자간호를 비롯한 종교활동 등에서는 인간의 사고와 행동 치유목적으로 오래전부터 활용하였다. 경청은 관계를 만들기 위해 치료자에게 필요한 기본적인 자세로 인식하고, 자신의 가치관이나 의견을 밀어붙이는 일 없이 우선 상대방의 자기표현에 귀를 기울이는 경청기법으로 발전하였다.

비즈니스에서는 삼성을 창업한 고 이병철 회장이 아들인 고 이건희 전 회장에게 삼성에 입사한 첫날 '경청'의 휘호를 적어주면서, 벽에 걸어 두고 매일 읽으며 마음에 새기도록 가르친 것으로도 유명하다.

저자는 이 책에서 경청의 중요성에 대해 인간의 하루 전체 의사소통 행위에서 듣기는 45%로 말하기 30%, 읽기 16%, 쓰기 9%보다 월등히 높은 비중으로 조사되었다고 밝혔다. 그것은 경청이 그만큼 중요하다는 반증이며 인간의 귀가 두 개 달린 이유라고 하겠다. 또한, 경청이 제4차 산업혁명 시대에 요구되는 비판적 사고, 창의성, 커뮤니케이션, 협업의 기초 역량으로 상호 연결고리 역할을 한다고 강조하였는데, HRD 전문가의 한 사람으로서 전적으로 동의한다.

이 책은 경청에 대하여 체계적이고 학문적 접근을 한 유일한 경청 교과서이며 경청실행 매뉴얼이다. 그러므로 본서는 인적자원개발 측면에서도 의미가 있다고 생각된다.

다시 한번 아무도 가지 않는 길을 필생의 소명으로 여기고 경청을 학문으로 탄생시킨 저자 한국은 박사의 연구와 노력에 감사와 찬사를 드리면서, 본서를 진중한 삶을 추구하는 분들에게 특별히 추천한다.

엄준하 박사

월간HRD 발행인, 한국HRD협회 회장, 일생경영학교 이사장

TESTIMONIAL
추천사 2

경청 : 마음의 문을 여는 대화의 기술

"그 사람이 하는 말을 알지 못하면 그 사람을 알지 못한다." 인격을 수양하는 공부를 하라는 말씀으로 시작하는 『논어(論語)』는 바로 이 문장으로 끝을 맺는다. 인간관계에서 경청(敬聽)이 중요하다는 뜻으로 이해할 수 있겠다. 누구나 좋은 사람을 만나기를 원하고, 좋은 사람과 함께 일하기를 원하지만 자신이 상대하는 그 사람의 본래 모습을 알기란 참으로 어렵다. "열 길 물속은 알아도 한 길 사람 속은 모른다."는 속담이 있지 않은가! 율곡 이이(1536-1584) 선생은 선조(재위 1567-1608)에게 국정을 혁신하려면 현명하고 능력 있는 사람을 발탁해서 쓰라고 했다. 선조는 자신도 그렇게 하고 싶지만 진실한 인재를 알아보는 방법이 없다고 했다. 율곡은 이렇게 대답했다. "그 사람이 하는 말을 잘 들어보십시오. 말은 마음의 소리입니다."

한국은 박사의 『경청의 실행』은 사람을 제대로 알아보는 능력을 키워주는 책이다. 또한 자신의 생각과 주장을 효과적으로 표현하고 전달하는 방법을 제시해주는 책이다. 저자는 바로 이 두 가지 주제에 대한 이론과 실무를 겸비한 전문가로서 경청에 관한 각종의 이론과 사례를 종합적으로 정리하고 대학에서 10여 년 이상을 강의를 하면서 경청의 효과를 검증해왔다. 그런 과정을 통하여 경청 학습에 대한 나름대로의 체계를 구축하고 그 성과를 오롯이 이 책에 담았음을 누구보다도 잘 알고 있기에 흔쾌히 이 책에 대한 추천사를 쓰게 되었다. 체력 단련과 운동의 필요성은 누구나 잘 알고 있다. 매일 운동을 해야 근력이 늘어나고 그만큼 건강해진다. 경청의 역량도 마찬가지다. 단지 경청에 대해 이론적으로 알기만 하는 것으로는 실력이 향상되지는 않는다. 그래서 스스로 학습해볼 수 있게 도와주는 전문적인 지침서가 필요한 것이다.

경청이라고 해서 그냥 듣기만 하는 것이 아니다. 무엇보다도 먼저 경청에 임하는 마음의 자세가 중요하다. 한국은 박사는 그것을 "집중하는 태도"라고 했는데, 놀랍게도 이것은 조선시대 선비들의 마음 수양 방법과 일치한다. 저자는 경청에 필요한 실무적 기법과 사례를 상세하게 알려주고 직접 실습해보게 하는 것을 이 책의 핵심 줄거리로 삼았다. 그러면서 일관되게 경청의 기본 정신을 강조했다. 저자는 그것을 "신뢰"라고 했다. 상대방이 자신을 믿어주지 않는데 속마음을 털어놓을 사람이 어디에 있는가? 저자는 인격적인 존중심으로 갖고 대화에 임하라고 충고한다. 상대방의 말을 끝까지 들어주고 처지를 이해해주면서 그 자신의 내면의 소리를 말하게 할 수 있다면 이런 것이야말로 경청 학습으로 얻어지는 효과라고 저자는 역설한다.

저자는 대화와 소통이 언어뿐만 아니라 마음과 몸으로 종합적으로 행하는 것이라는 관점에서 경청의 범위를 확장시키면서, 말하기, 질문하기, 자기의 주장을 잘하기 등과 같은 일련의 과정을 생생하게 유기적으로 연결시킨다. 그러면서 다양한 상황에 적절하게 경청을 활용하는 기법을 알려주고 있다. 이렇게 경청에 관한 체계적이고 실용적인 저술이 나온 것은 이 분야의 실무자들에게는 물론, 일반 독자들에게도 큰 도움이 된다. 앞으로 경청은 현대인의 필수적인 자질로 강조될 것이 분명하다. 경청은 미래사회 핵심 가치인 열린 마음으로 대화하고 협동하는 능력을 길러주기 때문이다. 첨단의 장비와 통신기기를 통하여 세계인이 서로 연결되고 있는 제4차 산업혁명 시대에 신뢰의 인간관계는 더욱 소중한 가치로 부각될 것이다. 자신을 존중해주는 사람, 자신을 포용해주는 사람, 세련된 대화의 기술을 가진 사람에게만 마음의 문을 열고 소통하려고 할 것이기 때문이다. 경청의 역량을 격상시켜주는 이 책과의 만남이 자신의 사고와 행동을 변화시키는 소중한 계기가 되기를 기대한다.

부남철 박사
영산대학교 자유전공학부 교수
<논어정독> <맹자정독> 저자

PROLOGUE
프롤로그

경청은 어떻게 배우나요?

"경청은 어떻게 배우나요?"

이 질문은 대학교에서 경청을 가르치면서 학생들에게 가장 많이 받은 질문이었다. 경청을 단일 주제로 하여 약 10년간 매 학기 학생들에게 경청을 가르친다는 것은 이 질문에 대한 답을 찾아가는 과정이었지만 듣는 것을 당연하게 여기는 학생들에게 체계적으로 듣는 것인 경청을 가르친다는 것은 쉬운 일은 아니었다. 매번 다양한 방법으로 경청을 가르치고 하나 둘씩 경청 학습에 대한 체계를 쌓아오면서 학생들의 질문에 대한 답을 찾아 온 것이 이 책을 구성하는 바탕이 되있다.

사람들은 듣는 것을 당연하게 생각한다. 그러므로 듣는 것 즉, 경청을 체계적으로 학습하는 것은 학생들이나 일반인에게는 익숙하지 않은 것이다. 그러나 한 학기 경청을 학습한 후 나타난 학생들의 반응은 놀라웠다.

"너와 함께 있으면 왠지 편안해져.", "네가 평소의 너 같지 않고 다른 사람 같아.", "속상한 일이 있으면 제일 먼저 너를 찾게 돼!", "내 말을 진심으로 들어줘서 정말 고마워."

친구나 가족들에게 이러한 말, 이러한 평가를 듣게 되었다며 흐뭇해하는 학생들의 모습을 보면서 경청을 학습하는 것이 사람을 변화시키는 하나의 요인이 된다는 생각을 하게 되었다.

경청은 신뢰와 밀접하게 관련되어 있다.

쉽게 생각해 보자. 인간관계 형성에 있어 가장 바탕이 되는 것은 '신뢰'이다. 청자가 화자의 말을 잘 들어준다면 화자는 청자에게 신뢰를 보내게 된다. 경청하는 사람이 대화 상대방에게 신뢰를 얻는다면 후에 경청하는 사람이 말을 하는 경우에 화자는 그 말을 수용하고자 하는 마음이 생길 것이다. 이렇듯 경청은 인간관계에서의 신뢰와 수용에 영향을 미친다.

이 책은 경청이 하나의 체계성을 가지고 있으며, 체계적으로 경청을 이해하고 경청역량을 향상시킬 필요가 있다는 마음에서 출발하였다. 경청에 대한 스토리텔링 등 좋은 책도 시중에 많이 있지만 이 책은 국내 대학교에서 10년 가까이 경청을 독립된 과목으로 가르쳤던 경험과 다양한 분야의 여러 사람들을 대상으로 해당 내용을 강의한 경험을 바탕으로 경청을 실행할 수 있는 역량을 향상하는 데 초점을 맞추고자 한다.

미래 핵심 역량인 4Cs를 상호 연결해 주는 역할

경청은 제4차 산업혁명 시대에서 요구되는 미래 핵심 역량으로서 세계경제포럼이 제시한 비판적 사고, 창의성, 커뮤니케이션 및 협업인 4Cs(Critical thinking, Creativity, Communication and Collaboration)의 중심에서 4Cs를 연결해 주고 각각 역량의 기초가 되는 역할을 한다. 4Cs 각각은 그 자체로도 독립된 역량이지만 경청을 교차점으로 하여 상호 연결시킨다면 더욱 효과적인 역량으로 작용할 것이다. 4Cs 중 비판적 사고와 창의성은 사고(thinking)로 상호 연결되어 있으며 커뮤니케이션과 협업은 행동(action)으로 상호 연결되어 있다.

경청은 이 두 가지 영역인 사고와 행동을 교차하여 상호 연결함으로써 그 의미를 더욱 깊게 하고 종합적인 관점에서의 역량 또한 향상시킬 수 있다.

비판적 사고와 창의성 관계에서의 경청은 생각의 흐름을 지속적으로 파악하면서 그 과정에서 다른 아이디어를 생각해 내고 창의성과도 연결

될 수 있도록 한다. 커뮤니케이션과 협업 관계에서의 경청은 경청태도나 행동으로 나타남으로써 인간관계를 향상시킨다.

이렇듯 경청은 미래 핵심 역량인 4Cs의 한 가운데에서 4가지 역량이 모두 제대로 발휘될 수 있도록 하는 연결성을 가지고 있다고 할 수 있다. 이런 관점에서 생각해 본다면 경청은 미래에도 지속적으로 학습되어야 하는 기본 역량이다. 앞으로도 경청 분야에서 주의 집중 경청과 공감적 경청, 조직에서 새로운 리더십으로 인식될 경청의 리더십, 외로움을 해소해 주는 새로운 경청 전문가들의 역할은 여전히 중요할 것이다.

사고와 행동을 변화시키는 순환적인 기본 역량

경청은 경청과정과 경청행동을 통하여 우리의 사고와 행동을 변화시키는 기능을 한다. 이러한 관점에서 경청은 크게 경청과정과 경청행동으로 구분되는데 이렇게 우리의 사고와 행동을 변화시키는 경청은 인지적, 정서적이며 동기적인 영역을 가지고 있다. 경청은 학습, 기억, 조직 커뮤니케이션, 상담, 코칭, 리더십 등 다양한 분야에 기초 역량으로서 적용이 가능하며 이러한 경청역량은 학습에 의하여 향상될 수 있다.

경청의 과정은 대화의 흐름에서 나타나므로 경청과정은 그 자체를 하나의 흐름으로써 이해하여야 한다. 경청과정은 여러 단계로 구분되고 각 단계는 다른 단계와 상호 연결되는 순환적 성격을 가지며 경청하는 정보의 흐름을 이해함과 동시에 종합적으로 작용하여 새로운 생각을 탄생하게 한다. 경청과정은 복잡한 과정이기는 하나 이 책에서는 경청의 과정을 간단하게 도식화하여 지각하기, 주의집중하기, 이해하기, 해석하기, 평가하기, 기억하기와 반응하기로 구분하였다. 경청과정은 전반적으로 쌍방대화에서 의식의 흐름을 이어가기 때문에 우리의 인지·정서·동기와 밀접한 관련성이 있다고 볼 수 있다.

즉, 경청과정을 통하여 생각을 변화시키고 그 속에서 인지·정서·동기를 야기하여 결과적으로는 경청행동과 연계해 우리의 행동을 변화시킨다고 본다. 경청과정 각 단계는 형식상으로는 순차적으로 이루어지지만 내용적으로는 어느 상황에서는 하나 혹은 둘 이상의 단계가 상호 영향을 미치면서 복합적으로 작용한다.

그러므로 여기에서는 경청과정을 이해하고 활용함으로써 경청의 각 단계를 실행하고, 이를 통해 사고를 변화시키는 방법에 대해 살펴보고자 한다.

경청행동은 경청과정에서 마지막 단계인 반응과도 관련이 있는 부분이다. 경청행동이란 경청하는 사람이 경청하는 태도 또는 행동을 언어적인 표현이나 비언어적인 표현으로 나타내는 것으로서 화자가 청자의 태도를 관찰하면서 직접적으로 청자의 행동이 표현되는 것을 보고 신뢰와 수용을 판단하는 단계이다.

경청행동에는 경청유형이라는 것이 존재하는데 경청유형은 경청하는 사람이 좋아하는 경청행동을 말하며 무엇을 중점으로 생각하여 듣느냐에 따라 관계지향, 과업지향, 분석지향, 비판지향, 시간지향과 맥락지향 경청유형의 6가지로 구분할 수 있다.

경청유형에 대한 각각의 특징과 장단점 그리고 대응방법 등을 통하여 경청행동이 상대방의 신뢰와 수용에 어떻게 영향을 미치는지를 살펴보고 그로 인한 우리의 행동의 변화, 경청의 행동을 현실 생활에서 활용하는 방법과 제한점들을 살펴본다.

인간관계에서 신뢰는 형성 및 축적에 오랜 시간이 걸린다. 신뢰는 대화과정에서 듣는 태도인 경청행동 여하에 따라 상대방의 마음에 스며들기도 하고 사라지기도 한다. 인간관계에서 상호 신뢰가 있을 경우에는 서로 대화가 깊어지고 공동의 문제를 해결하기도 하면서 서로 영향을 주고받을 수 있지만 신뢰가 없을 경우 이러한 것을 기대할 수가 없다. 또한 화자가 청자에 대해 신뢰가 있어야 청자의 말에 귀를 기울이게 되고 청자가 의견을 제시할 때 청자의 말을 수용할 가능성이 높아진다. 이러한 과정을 놓고 보면 잘 들어주는 경청행동은 화자의 신뢰를 가져오고 화자가 청자의 이야기를 수용할 가능성이 높아지는 일련의 순환 고리를 형성한다고 할 수 있다. 이와 같이 경청행동은 인간관계에서의 의사소통이나 리더십에서도 매우 중요한 요인으로 적용되고 활용되며 결과적으로 행동을 변화시키는 한 요인으로 작용하게 된다.

의사소통 요소와 연결을 통한 경청의 이해 심화

대화 상대방을 이해함에 있어 경청은 중요하지만 단지 경청만으로는 상대방의 마음을 이해하는 데에는 한계가 있을 것이므로 경청의 범위를 확장하고 상대방을 깊이 이해하기 위한 방법으로 이 책에서는 경청에서 말하기, 질문하기 그리고 주장하기인 의사소통 요소들과 결합하여 경청에서의 이해를 심화시키고자 한다.

경청은 단지 침묵을 하고 듣는 것만이 아니다. 경청에서도 수시로 말하기는 필요하다. 경청에서의 말하기는 단지 일방적으로 스피치를 하는 것이 아니라 경청에서 순간순간 화자가 된 상황에서 말을 하는 것이므로 일정한 제한이 있는 상태에서 말하기를 하는 것이라는 특징이 있다.

경청에서 질문하기는 경청의 이해를 더욱 확장시켜주는 매우 중요한 의사소통 기술이다. 경청에서 질문은 주된 행동이 아니며 어디까지나 경청을 통한 이해를 더욱 심화시키기 위한 질문이어야 한다. 주의 깊은 경청을 통하여 핵심적인 질문을 할 수 있으며 질문에 대한 대답은 상황에 맞는 내용이 될 것이다.

자기주장하기는 말하기와는 또 다른 의사소통 요소이다. 자기주장하기는 일방적으로 주장을 하는 것은 아니며 예의 바르게 자신의 감정이나 태도를 솔직하게 표현하는 것이다. 자기주장 역시 일정한 상황 제한성에 영향을 받는다. 현실적으로 경청에서 자기주장을 하여야 하는 상황에 자기주장을 하지 못했을 경우 청자는 스트레스를 받을 수 있고 화자는 청자의 진솔한 마음을 모르기 때문에 결과적으로 효과적인 대화를 했다고 할 수는 없을 것이다.

이렇듯 경청과 말하기, 질문하기 및 자기주장하기는 상호 연결성을 갖는다. 이런 상호 연결성을 통하여 경청의 이해를 한층 심화시키는 것이 중요하다고 하겠다. 이러한 경청의 이해를 기반으로 경청상황에 적응하는 방법을 알아보자. 각각의 상황에서의 경청을 활용하는 방안을 살펴보고 학습한 경청의 사항들을 적용하여 적절한 방법으로 활용하도록 하는 것이 필요하다.

지속적인 연습을 통한 역량 향상

경청은 학습과 지속적인 연습을 통하여 역량을 향상시킬 수 있다. 경청학습을 통하여 이론적인 부분을 이해하는 것도 중요하지만 경청습관이 하나의 생활 습관으로 형성될 수 있도록 지속적인 연습 또한 필요하다. 이 책에서는 경청을 연습하는 방안을 제시하고 이것을 응용하여 실생활에 적용시키는 방법을 제시하고자 하였다. 제시된 주제들을 순서대로 시도 및 연습하는 방법도 있지만 순서를 바꾸어 나름대로 연습을 하여도 좋을 것이다. 그리고 여기서 제안한 방법들을 새롭게 하여 자기만의 새로운 방법으로 재구성하여 활용할 수도 있을 것이다.

경청을 단일 주제로 한 이 책을 통하여 경청을 체계적으로 이해하였으면 하며 이를 기초로 경청을 보다 깊이 있게 이해하고 실행하는 습관을 들였으면 한다. 그리고 다양한 분야에서 경청을 적용하고 나아가 많은 사람들이 경청을 체계적으로 실행하기를 바라는 마음이다.

CONTENTS
목 차

프롤로그 • 8

제1장 경청의 이해

그냥 듣는 것과 주의 깊은 듣기의 차이 • 19 / 잘 들어야 하는 이유 • 21 / 잘 듣는 정도 • 23 / 경청의 중요성 • 27 / 경청의 개념 • 31 / 경청의 영역 • 32

제2장 경청의 과정

경청의 과정 개념 • 37 / 경청의 과정 단계 • 39 / 지각하기 • 43 / 주의집중하기 • 48 / 이해하기 • 57 / 해석하기 • 64 / 평가하기 • 72 / 기억하기 • 75 / 반응하기 • 81 / 경청의 과정 제한성 • 86 / 경청의 과정 활용 • 90

제3장 경청의 행동

경청의 행동 개념 • 101 / 경청의 행동과 경청유형 • 102 / 경청유형의 종류 • 107 / 경청유형의 활용 • 117 / 경청유형의 활용 제한성 • 129 / 경청유형의 활용 효과 • 134

제4장 경청의 확장

경청과 말하기 • 145 / 경청과 질문하기 • 151 / 경청과 자기주장하기 • 161

제5장 경청의 상황과 실천

관계에 따른 경청 • 175 / 개인과 경청 • 178 / 가정과 경청 • 195 / 조직과 경청 • 200

제6장 경청의 미래

미래 역량으로서의 경청 • 210 / 주의 깊은 경청 • 211 / 공감과 공감적 경청 • 214 / 경청의 리더십 • 216 / 새로운 경청전문가 • 218

제7장 경청의 연습

경청의 습관화 • 223 / 경청하고자 하는 마음 갖기 • 229 / 마음 챙김 경청하기 • 230 / 자신의 몸의 에너지 상태를 확인하고 듣기 • 232 / 마음을 알아주는 사람으로서 듣기 • 233 / 침묵의 소리를 듣기 • 234 / 지각하면서 듣기 • 235 / 주의집중하면서 듣기 • 236 / 이해하면서 듣기 • 237 / 해석하기와 평가하면서 듣기 • 238 / 기억하면서 듣기 • 239 / 반응하면서 듣기 • 241 / 사람 중심으로 듣기 • 242 / 업무 중심으로 듣기 • 243 / 내용 중심으로 듣기 • 244 / 비판 중심으로 듣기 • 245 / 시간 중심으로 듣기 • 247 / 맥락 중심으로 듣기 • 248

참고문헌 • 252

제 **1** 장

경청의 이해

그냥 듣는 것과 주의 깊은 듣기의 차이

"우리는 귀가 있어 자연스럽게 듣는데 왜 꼭 귀 기울여 잘 들어야 하지?" 물론 맞는 말이다. 우리는 평소에 귀로 듣는다. 자연스럽게 남의 말을 잘 듣는 사람도 있다. 그런 사람은 감수성도 뛰어나고 공감적 경청도 잘하는 사람이다. 그런 사람에게는 위와 같은 질문이 필요 없을 수 있다.

그러나 우리는 듣는다고 하더라도 실질적으로 잘 안 듣는 경우가 많다. 스스로는 잘 듣는다고 생각했는데 상대방은 자신의 이야기를 잘 안 듣고 있다고 생각한다. 왜 이런 현상이 발생할까?

우리는 남의 말을 들을 때 '듣는다hear'고 생각한다. 그러나 '듣는다hear'라는 것과 '주의 깊게 듣는다listen'는 것은 다른 개념이다. '듣는다hear'고 할 경우의 듣는 것은 행동에 별다른 의식 없이 상대방의 말이 우리 귀를 통해 자연스럽게 들어와 뇌를 거쳐 우리가 인식하는 것이다. 이것은 다소 수동적이다. 즉, 우리의 귀에 소리가 들려서 듣는 것이다. 이 경우 우리는 듣기 위하여 에너지를 많이 사용하지 않는다. 일상생활에서 음악을 듣거나 아는 사람과의 대화에서 이런 듣기는 유용하다. 그러한 상황에서 우리에게는 자연스러운 듣기가 필요하고 굳이 에너지를 사용하면서 들을 필요는 없을 것이기 때문이다.

그러나 대화가 중요한 경우이거나 잘 들어야 하는 경우에 우리는 조금 더 주의 깊고 신중하게 들어야 한다. 이때 듣는 것이 '주의 깊게 듣는다listen'는 것이고 같은 듣는 행동이지만 우리는 들리는 소리에 의식을 기울이고 듣는다. 이것이 능동적인 듣기이며 일반적으로 '경청listening'이라고 한다.

경청은 주의 깊게 듣는 것이므로 일반적으로 듣는 것보다는 듣는 상황에 따라 신경을 조금 더 많이 쓰기 때문에 에너지 소비가 크다. 우리가 조용히 음악을 감상하면서 휴식을 취하는 경우에는 그냥 듣기이다. 그러나 어느 순간 음악에 대해 '저 음악이 어떤 의미가 있을까?' 하는 생각을 가지고 세심하게 들으면 그것은 주의 깊게 듣는 경청이다.

그 상태로 오랜 시간 들을 경우 우리는 피곤함을 느낀다. 그만큼 듣는 에너지가 소비되고 있기 때문이다. 그러므로 오랫동안 경청하며 듣는 것은 어렵다. 경청은 우리 몸에 에너지가 일정 수준 있을 때 가능한 듣기로서 하루 종일 일을 하다가 지친 상황에서는 경청은 잘 이루어지지 않는다. 왜냐하면 우리 몸의 에너지가 고갈되어 있기 때문에 경청할 수 있는 에너지가 부족하기 때문이다. 그런 경우에는 휴식을 취하여야 한다.

위와 같이 듣는 방식에는 두 가지가 있다는 것을 기억하자. 그리고 이 세상에는 그냥 단순히 듣는 것보다는 주의 깊게 집중하여 들어야 하는 상황이 더 많다. 우리는 다양한 생활환경하에 주의 깊게 들어야 하는 경청이 중요하다는 것을 잘 안다. 그런데 문득 '경청을 어떻게 해야 하지?' 하고 물으면 대답하기가 쉽지 않다. 주의 깊게 듣는 경청이 중요하다는 것을 어렴풋이 알고 있다면 좀 더 자세히 살펴보자.

잘 들어야 하는 이유

우리가 '잘 들어야' 하는 이유에는 여러 가지가 있다. 아래는 우리가 잘 들어야 하는 이유들을 나열한 것이다. 아래 사항들을 살펴보고 자신이 잘 들어야 하는 이유들을 체크해 확인해 보자. 가장 높은 점수는 (10)점이고 가장 낮은 점수는 (1)점이다.

1. (1) (2) (3) (4) (5) (6) (7) (8) (9) (10)   지식을 넓히기 위하여
2. (1) (2) (3) (4) (5) (6) (7) (8) (9) (10)   상대방을 이해하기 위하여
3. (1) (2) (3) (4) (5) (6) (7) (8) (9) (10)   다른 사람에게 좋은 인상을 주기 위하여
4. (1) (2) (3) (4) (5) (6) (7) (8) (9) (10)   다른 사람에게 신뢰를 주기 위하여
5. (1) (2) (3) (4) (5) (6) (7) (8) (9) (10)   효과적으로 대화를 하기 위하여
6. (1) (2) (3) (4) (5) (6) (7) (8) (9) (10)   다른 사람의 말을 평가하기 위하여
7. (1) (2) (3) (4) (5) (6) (7) (8) (9) (10)   아이들과 생활을 같이 하기 위하여
8. (1) (2) (3) (4) (5) (6) (7) (8) (9) (10)   다른 사람과 좋은 관계를 맺기 위하여
9. (1) (2) (3) (4) (5) (6) (7) (8) (9) (10)   말을 더 잘하기 위하여

10. (1) (2) (3) (4) (5) (6) (7) (8) (9) (10)　자연의 소리를 잘 듣고 즐기기 위하여
11. (1) (2) (3) (4) (5) (6) (7) (8) (9) (10)　주의 집중을 연습하기 위하여
12. (1) (2) (3) (4) (5) (6) (7) (8) (9) (10)　문제를 해결하기 위하여
13. (1) (2) (3) (4) (5) (6) (7) (8) (9) (10)　친구를 지지하기 위하여
14. (1) (2) (3) (4) (5) (6) (7) (8) (9) (10)　시간을 가치 있게 사용하기 위하여
15. (1) (2) (3) (4) (5) (6) (7) (8) (9) (10)　어지러운 마음을 안정시키기 위하여
16. (1) (2) (3) (4) (5) (6) (7) (8) (9) (10)　더 좋은 가족 구성원이 되기 위하여
17. (1) (2) (3) (4) (5) (6) (7) (8) (9) (10)　리더로서 책임을 다하기 위하여
18. (1) (2) (3) (4) (5) (6) (7) (8) (9) (10)　상대방에 대한 호기심을 충족하기 위하여
19. (1) (2) (3) (4) (5) (6) (7) (8) (9) (10)　듣는 것이 좋아서
20. (1) (2) (3) (4) (5) (6) (7) (8) (9) (10)　내 마음을 정리하기 위하여

위와 같이 사람마다 잘 들어야 하는 이유들이 있다. 그중에서 가장 필요하고 중요한 이유가 무엇인지를 생각해 보자.

"나는 왜 잘 들어야 하는가?"

돌이켜 보면 우리는 각자 사람들의 말을 잘 듣지 못해서 미안하거나 마음이 아팠던 과거의 경험이 있을 것이다. 우리는 만나는 사람들의 말을 잘 들을 경우 일이나 생활, 그리고 대인관계에서 많은 효과가 있다는 것을 다시 생각해 볼 필요가 있다. 이러한 점에서 우리가 잘 들어야 하는 이유를 생각해 보고 과거에 잘 못 들었던 상황을 생각하면서 "그때 내가 좀 더 잘 들어주었으면 어땠을까?" 하는 생각을 해보는 것도 의미가 있을 것이다.

잘 듣는 정도

 듣는 것에 대해서도 한편으로는 '어떻게 들어야 잘 듣는 것일까?'라는 생각도 하곤 한다.

 그러나 '어떻게 들어야 잘 듣는 것일까?'에 대한 기준은 없다. 주의 깊게 들어야 하는 상황이 너무 다양하기 때문에 그 상황에서 어느 정도 들어야 잘 듣는 것인지는 각자가 느끼는 정도에 달려 있기 때문이다. 하지만 기본적으로 잘 듣는다고 생각할 만한 것과 잘 못 듣는 것으로 생각할 만한 것은 있다.

 그러한 관점에서 자신이 어떻게 듣는지를 알아보는 것도 도움이 될 것이다. 여기에서는 자신이 어떻게 듣는지에 대해 간단하게 살펴보기로 한다. 아래 문항에 대해 자기 점수를 내어 보자. 아래 문항은 잘 듣는 정도를 나타내는 문항이다.

잘 듣는 정도의 척도 |

1. (1) (2) (3) (4) (5) 나는 들을 때 화자와 정기적으로 눈맞춤을 한다.
2. (1) (2) (3) (4) (5) 나는 들을 때 모르는 것을 명확하게 하기 위해 질문을 한다.
3. (1) (2) (3) (4) (5) 나는 들을 때 감정을 공유하기 위하여 관심을 보여 준다.
4. (1) (2) (3) (4) (5) 나는 들을 때 이해한다는 것을 보여주기 위하여 화자가 말한 단어나 문장을 다시 말하거나 다른 말로 바꾸어서 표현한다.
5. (1) (2) (3) (4) (5) 나는 들을 때 먼저 상대를 이해하며 다음에 이해시키고자 한다.
6. (1) (2) (3) (4) (5) 나는 들을 때 들을 준비가 되어 있으며 정서적으로 안정되어 있다.
7. (1) (2) (3) (4) (5) 나는 들을 때 적절하다면 '아하~', '으응~'하거나 고개를 끄덕이고 미소를 지으면서 언어적이거나 비언어적인 반응을 한다.

8. (1) (2) (3) (4) (5)　　나는 들을 때 주의집중을 하며 다른 생각을 하지 않는다.
9. (1) (2) (3) (4) (5)　　나는 들을 때 내가 들은 것에 대해 책임 있게 행동을 한다.
10. (1) (2) (3) (4) (5)　　나는 들을 때 화자가 말하는 주제에 집중한다.

* 1번부터 10번까지 문항에 대해 응답을 해 본다. '(1)은 매우 아니다. (2)는 아니다. (3)은 보통이다. (4)는 그렇다. (5)는 매우 그렇다.'이다. 10문항 중 자신이 체크한 것들을 합산한 후 그 점수에 2를 곱하여 100점 만점에 몇 점인지를 파악한다. 80점 이상이면 잘 듣는 편이고 60~79점이면 보통이며, 59점 이하이면 잘 듣는 편은 아니다. 어디까지나 이것은 자신이 잘 듣는 수준을 파악하는 것이므로 상황에 따라 절대적인 것은 아니다. 그럴더라도 잘 듣는 것에 대한 하나의 기준은 될 수 있으므로 참고하면 좋을 것이다.

　위 사항에서 점수로 나타나는 것이 절대적인 기준은 아니다. 우리가 놓인 대화 상황은 다양하고 그 상황에서 적절하게 잘 듣는 것이 중요하므로 자기 점수를 살펴보고 어느 항목에서 어떻게 듣는지를 파악하는 것이 중요하다. 잘 듣는 것은 상대적인 것이다. 그러나 어떠한 상황에서라도 잘 듣기 위해 가장 기본적인 것은 '먼저 듣고자 하는 마음'과 '먼저 듣고 말하는 행동'이다.

　이러한 기반 위에서 잘 들어야 정말 잘 듣게 되는 것이다. 한편으로는 우리가 어떻게 잘 못 듣는지에 대해 알아보는 것도 필요하다. 여기에서는 자신이 어떻게 잘 못 듣는지에 대해 간단하게 살펴보기로 한다. 아래 문항에 대해 자기 점수를 내어 보자. 아래 문항은 잘 못 듣는 정도를 나타내는 문항이다.

잘 못 듣는 정도의 척도 |

1. (1) (2) (3) (4) (5)　　나는 들을 때 화자의 말에 간간히 간섭한다.
2. (1) (2) (3) (4) (5)　　나는 들을 때 나 자신의 결론에 빨리 도달하고자 한다.
3. (1) (2) (3) (4) (5)　　나는 들을 때 화자의 말의 문장을 내가 정리하여 끝내 준다.

4. (1) (2) (3) (4) (5)　나는 들을 때 당초 화자가 말하고자 하는 주제를 변경한다.
5. (1) (2) (3) (4) (5)　나는 들을 때 정보를 구하기 전에 이야기의 결론을 낸다.
6. (1) (2) (3) (4) (5)　나는 들을 때 온전히 집중을 못한다.
7. (1) (2) (3) (4) (5)　나는 들을 때 어떠한 반응도 하지 않는다.
8. (1) (2) (3) (4) (5)　나는 들을 때 오래 듣는 것에 대해 짜증이 난다.
9. (1) (2) (3) (4) (5)　나는 들을 때 화자에 대해 방어적이다.
10. (1) (2) (3) (4) (5)　나는 화자가 말을 하는 동안 다음에 말할 것을 생각한다.

* 1번부터 10번까지 문항에 대해 응답을 해 본다. '(1)은 매우 아니다. (2)는 아니다. (3)은 보통이다. (4)는 그렇다. (5)는 매우 그렇다.'이다. 10문항 중 자신이 체크한 것들을 합산한 후 그 점수에 2를 곱하여 100점 만점에 몇 점인지 파악한다. 80점 이상이면 듣지 않는 습관을 가지고 있다고 할 수 있다. 60~79점이면 못 듣는 편이며 59점 이하이면 못 듣는 것이 심하지 않은 편이다. 각 항목별로 점수를 살펴보고 자신이 왜 못 듣는지를 생각해 본다. 어디까지나 자신이 잘 안 듣는 좋지 않은 태도를 파악하는 것이므로 상황에 따라 절대적인 것은 아니다. 그렇더라도 잘 듣지 않는 좋지 않은 습관을 파악하는 하나의 기준은 될 수 있으므로 참고하면 좋을 것이다.

　위 사항에서 잘 못 듣는 것 역시 절대적인 기준은 아니다. 우리가 놓인 대화의 상황은 다양하므로 그 상황에서 잘 못 듣는 상황도 빈번하게 발생한다. 잘 못 듣는 것을 아는 것도 중요하므로 자기 점수를 한번 살펴보고 어느 항목에서 어떻게 잘 못 듣는지를 파악해 보도록 한다.

　그리고 자신의 듣는 모습을 자주 보는 사람에게 부탁하여 자신의 듣는 태도에 대해 점수를 매겨 달라고 해 보자. 분명 내가 생각하는 점수와 다른 사람의 눈에 비친 나의 듣는 태도에 대한 점수 차이가 날 것이다. 일반적으로 우리는 스스로에게 관대하다. "나는 잘 듣는데 무엇이 문제이지?" 하고 생각을 하는 경우도 있다.

그러나 다른 사람은 그렇게 생각하지 않을 수 있다. 상대방은 듣는 사람에 대해 보다 객관적으로 관찰하기 때문이다. 이러한 과정을 거쳐 스스로의 듣는 태도가 어떤지를 살펴보는 것도 좋을 것이다.

지금까지 그냥 듣는 것과 주의 깊게 잘 듣는 경청의 차이, 잘 들어야 하는 이유 그리고 어떻게 해야 잘 듣는 것인지, 잘못 듣는 이유가 무엇인지를 살펴보았다. 아주 깊게 파악해 보지는 않았지만 우리가 평소 생각한 '듣는 것'에 대해 다시 생각해 보는 계기는 되었을 것이라 생각한다.

경청의 중요성

경청은 일상생활에서 어느 정도의 비중을 차지하고 있을까? 이 문제는 실제로 경청을 어느 정도 사용하고 있는지를 생각해 볼 수 있는 문제이다.

"우리는 두 귀와 하나의 입을 가지고 있다. 그래서 우리는 말하는 것보다 더 많이 들어야 한다."는 이 말은 경청과 관련해서 많이 인용되어 왔다. 이는 듣는 것의 중요성을 강조하고 있지만 결과적으로 '말하기'를 더욱 깊이 있게 이해하고자 하는 관점에서의 인식이라고 볼 수 있다. 현대에 사는 우리들은 듣는 행위, 즉 경청이 중요하다는 사실을 잘 알고 있다.

많은 시간이 흐르는 동안 철학자들이나 학자들에 의하여 경청에 대해 다양한 의견이나 담론이 제시되어 왔으나 그중에서도 우리가 사는 현대 사회 의사소통에서의 경청의 비중을 과학적인 방법으로 파악하여 제시한 것은 1926년 랜킨Paul. T. Rankin의 미시간 대학교 박사 학위 논문부터라고 생각할 수 있는데[1] 당시 랜킨은 인간이 살아가면서 잊고 있던 경청의 중요성을 제기하였다. 그는 65명에게 2개월 동안 15분 간격으로 낮 시간에 하는 읽고 쓰고 말하고 듣는 행위에 대해 기록하도록 하였고 그것을 분석하였다. 그 결과 그들은 하루 전체 의사소통 행위 동안 읽기 16%, 쓰기 9%, 말하기 30% 및 듣기 45%를 하고 있음이 드러났고, 이를 기초로 하여 랜킨은 의사소통 스킬 중에서 듣기인 경청이 가장 빈번하게 사용되는 것으로 보고하였다.

경청을 제외한 다른 부분의 사용빈도가 낮다고 하여 그 중요성이 낮아지는 것은 아니다. 의사소통 기술은 각 개인이 놓여 있는 상황에 따라 읽기, 쓰기, 말하기 및 듣기의 비중이 달라질 수 있다. 랜킨의 연구가 경청의 중요성을 보다 구체적으로 데이터로 제시하였다는 데에 그 의미가 있다고 하겠다. 랜킨의 연구 결과는 오늘날에도 어느 정도 적용되는 것으로 나타났다.

다음은 국제경청협회(ILA:International Listening Association)에서 정리한 일상생활에서의 의사소통에서 읽기, 쓰기, 말하기, 듣기의 비중이 어느 정도인가를 나타내는 표이다.[2] 이 표를 통해서도 의사소통에서 듣기인 경청 비중이 높은 것을 알 수 있다.

연구자	대상	읽기	쓰기	말하기	듣기
(1926) Rankin	사무직 직원	16%	9%	30%	45%
(1971) Brieter	가정주부	10%	7%	35%	48%
(1975) Weinrauch & Swanda	직장인	19%	23%	25%	33%
(1975) Werner	고등학생, 직장인 및 주부	13%	8%	23%	55%
(1980) Barker 외	대학생(미국)	17%	14%	16%	53%
(1991) 미국 노동성	정부관료	13.3%	8.4%	23%	55%
(1999) Bohlken	대학생(미국)	13%	12%	22%	53%
(2000) Davis	대학생(호주)	12.3%	9.8%	30.6%	34.1%
(2006) Janusik & Wolvin	대학생(미국)	6%	8%	20%	24%

위 표에서 알 수 있는 것처럼 듣기인 경청의 비중이 최소 24%에서 최대 55%로 다른 의사소통 기술보다 높은 것을 알 수 있다. 오늘날에는 듣는 데에 소요된 시간의 비중이 60% 이상을 넘어서는 경우도 나오고 있다. 이 조사는 미국을 대상으로 한 것으로 각 나라마다 약간의 차이는 있을 수 있지만 듣기, 즉 경청이 중요하다고 생각하는 것은 비슷할 것으로 예상된다.

이렇듯 우리는 듣기에 시간을 많이 사용한다. 따라서 "나는 하루 동안 어디에 경청을 많이 사용하고 있는가?"라는 질문도 해 볼 필요가 있다. 예를 들면 아래와 같은 활동들이다. 우리는 아래의 활동을 하는 시간 동안 듣게 된다. 각자 아래 사항들 중에서 자신이 가장 많이 경청하는 활동을 체크해 본다.

...(　　) 가정에서 아이들과 지내는 시간
...(　　) 회의에 참석하거나 브리핑하는 시간
...(　　) 일대일로 상담을 하는 시간
...(　　) 강의를 듣는 시간
...(　　) 카페에서 친구들과 대화하는 시간
...(　　) 전화를 거는 시간
...(　　) 다른 사람을 인터뷰하는 시간
...(　　) 언어적 정보에 기반하여 의사결정을 하는 시간
...(　　) 비언어적 단서들을 해석하는 시간
...(　　) 상품이나 서비스를 판매하거나 마케팅하는 시간
...(　　) 다른 사람들을 관리하는 시간
...(　　) 고객을 돕는 시간
...(　　) 가정에서 가족들과 함께 하는 시간
...(　　) 혼자 조용히 보내는 시간
...(　　) 기타 다른 활동 등

위와 같은 활동들은 우리가 일상생활 시간 속에서 주로 하는 활동들이다. 평소에 우리는 일상생활에서 사용하는 시간을 측정하지 않는다. 듣기는 더욱 그렇다. 그러나 우리가 사용하는 시간들이 어떻게 사용되고 있는지, 더욱이 듣는 시간을 어디에 얼마나 사용하고 있는지를 이해하는 것은 매우 중요하다. 우리는 중요하다고 생각하는 일에 많은 시간을 사용하고 있다고 생각하지만 정작 우리가 사용하는 시간과 듣는 시간을 정리하여 분석해 본다면 처음 생각했던 것과는 상당한 차이가 있음을 발견할 수 있을 것이다.

오늘날 경청의 부족으로 인해 나타나는 여러 문제들은 상당히 많은 부분에서 개선되고 있지만 아직도 '잘 안 듣게' 만드는 본질적인 문제는 남아 있다고 할 수 있다. 이렇듯 시대적 상황, 문화적 상황 그리고 인간관계 형태 등 수많은 요인들이 상호 연계되어 있어 듣는 것, 즉 경청은 인간이 탄생한 이후 소리와 몸짓으로 의사소통을 하고 그 후 언어가 만들어져 현대에 이르기까지 우리에게 의사소통에서 중요한 것으로 기능하여 왔다.

현대인에게 있어 주의 깊게 듣는 경청은 단순히 귀로 듣는 것에서 나아가 하나의 역량으로 간주되어야 하고 이에 따라 경청의 중요성은 더 부각될 것이다.

경청의 개념

경청이 중요하다는 인식하에 경청은 다양하게 정의된다. 그러나 국제경청협회에서는 현대적 의미에서의 경청의 의미를 보다 과학적이고 체계적으로 접근하여 경청을 단일한 개념으로 정리하였다. 1979년에 설립된 국제경청협회ILA: The International Listening Association에서는 1996년 경청을 "메시지를 받아들이고, 메시지로부터 의미를 구성하고, 말로 된 메시지나 비언어적인 메시지에 반응하는 것Listening(1996): the process of receiving, constructing meaning from and responding to spoken and/or nonverbal message."이라고 정의하였다.[3]

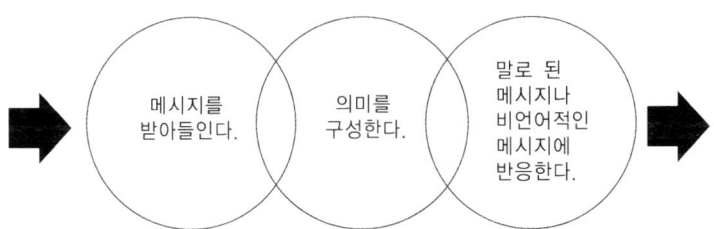

국제경청협회에서 정의한 경청은 기본적으로 경청을 외부의 '정보를 받아들인다'와 '의미를 구성한다', 그리고 '반응한다'의 3단계로 구성하였다. 그리고 이러한 단계는 하나의 정지된 상황에서의 경청이 아니라 일련의 과정으로서의 경청을 의미한다.

특히 과정으로서의 경청에서 '의미를 구성한다'는 것은 외부로 나타나지 않는 일종의 '생각의 흐름'으로서의 성격을 가지고 있다고 하겠다. 또한 '반응한다'는 경청이 속으로만 생각을 하는 상태에 머무르는 것이 아니라 경청하는 태도나 행동을 외부로 나타내는 것을 의미한다. 즉, 이러한 관점에서 본다면 경청은 외부의 정보를 받아들이면서 생각하며 행동하는 것으로 보아야 한다.

생각의 흐름과 행동으로 나타내는 경청은 그 자체가 복잡하고 다차원적인 면을 가지고 있다. 이러한 측면에서 경청은 외부로부터 정보와 자극을 받아들이고 그것을 생각하는 인지적인 측면과 그 과정에서 대화 상대방과 상호 작용하는 정서적인 측면 및 행동으로 나타나는 데에 동기를 부여하는 동기적인 측면, 즉 3가지 측면이 내재화되어 있다고 볼 수 있을 것이다.

경청의 영역

앞에서는 경청의 개념을 살펴보았다. 경청은 생각과 행동의 일련의 흐름이며 고정된 상황인 일차원적 개념이 아니라 변화를 가져오는 다차원적 개념이라는 것을 이해하였을 것이다.

다차원적인 경청은 기본적으로 생각과 행동이라는 2가지 큰 영역에서 그 개념에 접근할 수 있으며 생각 영역에서는 인지적인 영역과 정서적인 영역 그리고 동기적인 영역으로 구분하여 생각할 수 있다. 행동 영역은 경청태도 및 행위로 나타내는 반응을 말하며 말하기와 질문하기 그리고 자기주장하기를 포함한다.

다만 경청에서의 말하기와 질문하기 그리고 자기주장하기는 경청행동으로 연계되는 것이지만 경청의 생각 영역에서 보다 경청을 깊이 있게 이해하기 위한 것으로 활용되기도 한다.

경청의 생각 영역과 행동 영역은 21세기 핵심 역량으로 요구되는 4Cs^{Critical Thinking, Creativity, Communication, Collaboration}와 관련이 있다고 할 수 있다. 세계경제포럼^{World Economic Forum}에서는 제4차 산업혁명 시대에 필요한 기초 역량으로서 적극적 경청을 과정기술^{Process Skills}에 제시하였으며 여기에서의 적극적 경청은 단지 과정 기술로서 포함되어 있으나 실제 경청은 그보다 더 포괄적으로 기능한다. 경청은 4Cs 각 영역을 연결시켜 전체가 상호 작용하도록 하는 역할을 하며 경청과정을 통하여 생각을 창조하게 하고 경청행동을 통하여 신뢰와 수용을 높이면서 리더십을 향상시킨다. 이러한 관계와 영역을 그림으로 나타내면 다음과 같다.

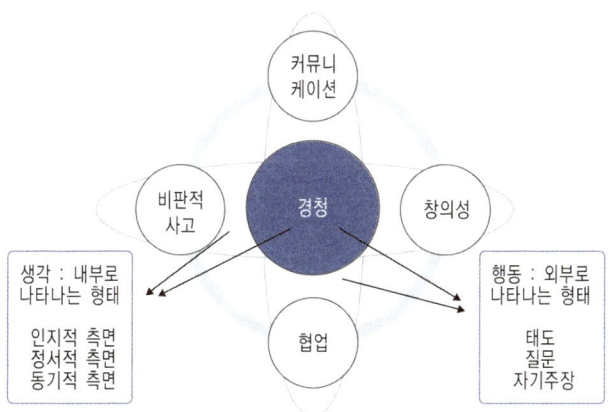

경청의 생각 영역은 경청과정으로 나타난다. 다음 장에서 구체적으로 경청과정을 살펴보겠지만 경청과정은 크게 몇 가지 단계로 구분된다. 경청과정은 외부의 자극을 받아들이면서 받아들인 자극이나 정보를 처리하는데 그 과정에서 인지적인 측면과 정서적인 측면 그리고 동기적인 측면이 부분적 혹은 동시적으로 발생한다. 이러한 변화는 우리 뇌에서 일어나는 것이므로 구체적인 내용은 신경과학의 범주에 포함된다고 보아야 한다.

경청의 행동 영역은 경청행동으로 나타난다. 다만, 경청행동은 반응단계에서 주로 나타나지만 경청과정을 통하여 나타나는 듣기 태도이므로 경청과정 각 단계마다 어느 정도는 나타나기도 하며 상황에 따라서는 경청행동이 경청과정에 영향을 미치기도 한다.

이렇듯 경청의 생각과 행동 영역은 각각 독립적이기도 하지만 상호 보완적이기도 하다. 우리는 앞으로 제2장 경청의 과정과 제3장 경청의 행동 그리고 제4장 경청의 확장을 통하여 경청 영역을 더욱 깊이 있게 이해하게 될 것이다.

제 2 장

경청의 과정

경청의 과정 개념

앞장에서 경청의 개념과 영역을 살펴보았다. 경청은 정보를 받아들여 그것을 구성하고 반응하는 단계이며, 정지된 상태에서의 듣기가 아니라 일종의 흐름으로서 파악이 되어야 하고 또한 그 과정에서 인지·정서·동기적 측면이 있다는 것을 강조하였다. 해당 장에서는 경청을 하나의 흐름, 즉 과정으로 이해하고자 할 경우의 일련의 단계인 '경청과정'의 개념과 각 단계, 그리고 경청과정의 활용과 경청과정이 우리에게 주는 의미가 무엇인지를 설명하고자 한다.

기본적으로 '경청'은 과정으로, 3가지 영역에서 이해되어야 한다. 첫째는 인지적인 영역, 둘째는 정서적인 영역, 셋째는 동기적인 영역이다. 이 3가지 영역은 경청이 고정된 상황이 아니라 과정이라는 것에 기초하여 상호 영향을 미친다. 경청은 일정한 과정을 통하여 그 의미가 인지적이며 정서적이고 동기적인 의미로 전달된다. 그것은 하나씩 단계적·순차적으로 전달되기도 하지만, 상황에 따라서는 인지와 정서 동기가 동시다발적으로 얽혀서 우리에게 전달되기도 한다. 이러한 의미에서 경청은 다차원적으로 이루어진다고 해석할 수 있다.

경청의 인지적인 영역은 일종의 정보처리 과정과 유사하다. 외부의 정보를 수용하여 내부에서 이를 전환하고 결과로서 반응하는 것이다. 즉, 인지적인 영역은 마치 컴퓨터가 작동하는 원리와 비슷하다.

정서적인 영역은 공감이나 공감적 경청 등 자기 자신이나 사람들과의 관계에서 마음과 마음으로 연결되는 것과 관련이 있다고 할 수 있다. 우리는 상대방의 말을 인지적으로 듣다가도 어느 순간 특정 단어나 문장을 접하면 왠지 기쁜 마음이 들거나 슬픈 감정이 들기도 한다. 이것이 우리가 경청의 인지 과정 중에 나타나는 정서적인 느낌이다.

동기적인 영역은 행동을 이끌어내는 강한 동기와 관련이 있다고 할 수 있다. 우리는 종종 대화하면서 무엇인가를 해야 할 것 같은 느낌을 받을 때가 있다. 우리가 행동을 취해야 할 강한 동기를 느끼는 것 역시 경청과정에서의 인지 정서와 함께 나타나는 혼합적인 감정이다. 또한 반대로 강한 동기를 느끼면서 어떤 특정 감정이 스며들기도 하고 차분하게 생각을 하게 되는 경우도 있다.

위 세 가지 영역은 서로서로 영향을 미친다. 경청과정의 어느 측면은 인간의 사고 과정과 유사하고 부분적으로는 인간 뇌의 기능과도 연관되어 있다. 이러한 이유로 경청과정을 탐구하는 것은 매우 복잡하지만 이 과정을 이해하는 것은 매우 중요하면서도 필요한 일이다.

경청과정이라는 체계적인 듣는 과정을 통하여 새로운 생각을 할 수 있고 그것을 활용하여 다양한 상황에서 인지적인 측면과 정서적인 측면, 동기적인 측면을 적절하게 적용하여 비판적 사고와 창의성, 협업과 소통이라는 4Cs를 향상시킬 수 있기 때문이다.

경청의 과정 단계

만약 당신이 친구와 담소를 나누고자 할 경우 당신은 당신의 친구와 함께 대화를 즐기면 된다. 우리가 매일 하는 일상적인 대화는 특별히 경청태도에 대해 고민하지 않아도 충분히 가능하다. 그러나 만약 당신과 당신의 친구가 감정적인 문제나 중요한 의사결정을 위해 다양한 정보와 자료를 가지고 대화를 하는 경우라면 당신은 조금 더 신경을 쓰면서 경청하는 태도를 가지게 된다. 당신은 아마도 친구의 이야기를 들으면서 사실을 확인하고 숫자나, 다른 핵심 정보들에 대해 집중하며 그 의미를 이해하고자 할 것이고 상황에 따라 서로 다른 의견이 있을 경우 그것을 해결하기 위하여 노력할 것이다. 때때로 메모를 하거나 질문을 할 수도 있다. 이러한 경청태도는 대화 상대방 역시 비슷할 것이다.

이러한 행동들은 자연스럽고 순간적으로 이루어지는 것으로 보일 수 있다. 그러나 엄밀히 말하면 이는 경청과정이라는 일련의 과정을 통하여 이루어진다. 우리는 외부로부터 자극을 받을 때 그것을 정보로 인식하고 이해하고 해석하여 행동하는데 이것을 바로 '경청과정'이라고 한다. 경청과정은 인지심리학적·신경과학적·행동과학적인 요소들이 얽혀 있는 매우 복잡한 과정이다.

학자들이 오랫동안 각자의 경청과정을 설정하여 설명하여 왔음에도 통일된 과정이 없는 이유이기도 하다. 여기에서는 다양한 과정을 통합하고 적용해 왔던 과정 모형을 중심으로 설명하고자 한다.

경청의 과정은 '메시지를 지각한다. 메시지에 주의 집중한다. 메시지를 이해한다. 메시지를 해석한다. 메시지를 평가한다. 메시지를 기억한다. 메시지에 반응한다.'의 7가지로 구분할 수 있다. 우리가 효과적인 경청을 하는 것은 이러한 일련의 경청과정들을 이해하고 그것들을 통합적으로 활용하는 데에 그 목적이 있다. 효과적인 경청을 통해 우리는 말하는 사람으로부터 정보를 선택하여 그것의 의미를 해석하고, 화자가 표출하는 언어적·비언어적 정보를 통하여 화자의 감정을 같이 느끼면서 경청 후 행동을 결정할 수 있다. 이러한 것이 앞서 말한 인지적, 정서적 그리고 동기적 경청을 종합하는 것인데 경청과정을 그림으로 표현하면 다음과 같다.

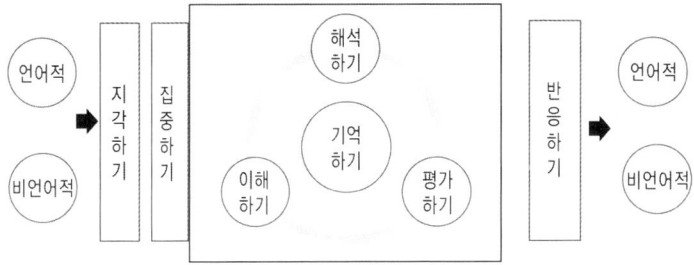

　위의 그림에서 기억하기를 중심으로 이해하기, 해석하기와 평가하기가 네모상자에 들어가 있는 것은 우리 뇌에서 일어나는 것을 형상화한 것이다. 그림에서는 순차적으로 단계를 표현했지만 이는 어디까지나 설명의 편의를 위한 것이며 실제로는 순차적·동시적으로, 특정 단계에서 더 많은 신경을 쓰거나 혹은 덜 쓰면서 경청을 수행하게 된다. 그리고 대화 과정에서 한 번만 경청의 과정을 수행하는 것이 아니라 수시로 경청의 각 단계를 적용하면서 경청을 하게 된다.

　경청을 과정으로 보는 경우 경청과정은 기본적으로 정보처리 모형과 유사한 면이 있다. 인간의 정보처리과정은 인지심리학에서 다루어지는데 인지심리학에서는 일반적으로 인간의 인지과정을 정보처리단계, 지식의 표상과 조직 그리고 복합적 인지기능으로 단계를 나눈다. 정보처리단계에서는 외부 정보에 대한 형태를 인식하고 주의단계와 단기 및 장기기억과정을 주로 다루며 지식의 표상과 조직에서는 지식의 범주화와 의미의 조직을, 복합적 인지기능 단계에서는 글의 이해와 기억, 문제해결 및 전문성과 창의

성, 그리고 의사결정과정을 다룬다.[4]

이렇듯 인지심리학에서는 인간의 정신활동을 일련의 정보처리 모형과 유사한 과정으로 이해하고 그 과정에서 문제해결과 의사결정이 이루어지는 것을 연구하였다.

그러나 이 책에서는 경청의 과정을 지각하기, 주의집중하기, 이해하기, 해석하기, 평가하기, 기억하기 그리고 반응하기라는 7가지 단계로 구분하고자 한다. 경청과정에서 외부로 나타나는 우리의 태도나 행동인 반응하기를 제외하면 나머지 단계들은 우리의 뇌 활동과 연관이 있다.

경청과정은 크게 외적인 방향성과 내적인 방향성으로 나타난다. 외적인 방향성은 상대방과의 대화 과정에서 상대방의 언어적·비언어적 정보들을 받아들이면서 일련의 경청과정을 수행하는 측면이고 내적인 방향성은 자신의 문제에 대해 내적인 대화를 나누면서 내적인 측면에서 경청과정을 수행하는 것이다.

경청과정의 외향성은 일반적으로 대인관계에서 나타나는 일상적인 형태이고 경청과정의 내향성은 명상이나 자신의 문제에 대해 골몰히 생각하거나 깊이 있는 고민을 할 때 나타나는 형태이다.

이러한 경청과정은 미래에 요구되는 4Cs 중에서도 비판적 사고 Critical thinking와 창의성 Creativity과 관련이 있다. 비판적 사고와 창의성이 생각 Thinking 과 연결성이 있다는 것을 감안할 때 경청과정도 생각과 관련이 있다고 할 수 있다. 여기에서는 경청과정의 각 단계에서 생각하여야 하는 기본적인 사항을 살펴보고자 한다.

지각하기

경청과정은 언어적·비언어적인 요소들 즉, 청각적인 요소와 시각적인 요소들을 모두 포함한다. '지각하기 단계'는 청자의 경청과정에서는 첫 번째 단계이지만 대화가 오고가는 과정에서는 반응 다음에 나타나는 순차적인 단계일 수 있고, 대화과정에서 수시로 상황을 지각하고 대응하는 일련의 순환적인 과정으로 나타나기도 한다.

이러한 점에서 지각하기는 사람의 첫 인상을 좌우하는 데 있어 중요한 기능을 할 뿐만 아니라 대화 진행 중에도 대화를 중단할지 말지를 결정하는 등 의사결정에 영향을 미치는 기본적인 단계이다.

지각하기 과정에서 청자는 정보를 인지하고 느끼면서 그것을 감각적·정서적으로 받아들인다. 지각하는 것에도 정도가 있다. 대화 상대방을 가볍게 지각할 수도 있고 중간 단계로 지각하는 경우도 있을 것이며 상황에 따라서는 매우 깊게 지각하기도 한다. 이러한 세 가지 지각의 정도를 결정하는 것은 청자의 몫이다. 경청과정에서의 첫 단계라 할 수 있는 지각하기 단계는 대화 상대방과 대화를 어떻게 전개시켜 나갈 것인지를 결정하는 첫 단계라고 할 수 있다.

일반적으로 청자가 지각을 하는 과정에서는 방해 현상인 일종의 '노이즈'가 발생하는데 이것은 정서적·사회적 측면 혹은 인지

과정에서도 일어난다.

　이러한 노이즈를 3가지 측면에서 살펴보면 첫째, 생리적 입장에서 감각기능이 원활히 작용하지 않는 경우 잘 들을 수 없다. 둘째, 심리적 경우인데 이것은 감정과 관련이 있다. 감정적으로 심한 혼란이나 불안이 있다면 외부 정보를 인지하는 과정에서 노이즈가 발생할 수 있는 것이다. 또한 감정적으로 격한 상태이거나 우울한 상태, 슬픈 상태일 경우에도 잘 듣기가 쉽지 않다. 셋째, 물리적인 경우로서 몸이 피곤하거나 아픈 경우에도 노이즈가 작용하여 외부 정보를 받아들이기가 어렵다. 우리는 하루 종일 일하고 집에 늦게 돌아왔을 때 즉각적으로 대화를 하기 쉽지 않았던 경험이 있을 것이다. 우리는 피곤한 상태에서는 무엇인가를 잘 들을 수가 없다. 이러한 면에서 경청을 한다는 것은 우리의 에너지를 사용한다는 의미이며 따라서 우리의 몸과 마음이 건강한 상태에 있을 때 우리는 명확한 경청을 할 수가 있다.

　이렇듯 경청과정에서의 첫 단계인 지각하기 단계는 상대방과 원만한 대화를 진행하는 데 있어 첫 번째 관문이므로 그 중요성이 매우 크다고 할 수 있다.

　우리가 청자로서 대화를 할 때 주의 깊은 경청이 잘 되지 않는다고 생각된다면 자신이 가지고 있는 노이즈가 무엇인지를 한번쯤 생각해 볼 필요가 있다. 우리는 통제할 수 없는 여러 외부 환경에 노출되어 있고 경청의 과정에서 노이즈를 아주 없애기란 불가능하다. 따라서 근본적으로 노이즈를 없애기가 불가능하다면 우리는 노이즈를 잘 이해하고 관리하는 능력을 길러야 한다. 우리가 직면하는 다양한 대화 상황은 이미 어느 정도 노이즈를 포함하고 있으므로 이를 수용하고 그 수용된 범위 내에서 효과적인 대화를 하는 것이 필요하기 때문이다.

일반적으로 대화과정에서 청자에게 전달되는 화자의 정보는 단어로 표현되는 것과 음성으로 표현되는 것들을 포함하여 언어적인 것은 30%, 비언어적 것은 70%라고 한다.[5] 이를 통해 신체 언어 및 얼굴 표정 등으로 나타나는 정보들의 비중이 상당히 크다는 것을 알 수 있다. 즉, 언어적인 정보를 정확하게 지각하는 것도 중요하지만 비언어적 정보들을 더욱 섬세하게 파악하여 지각하는 것 또한 필요하다고 하겠다. 경청과정에서 지각하기는 민감한 성격과도 관련이 있다고 할 수 있는데 외부 정보를 받아들이는 감각 기능이 높은 사람은 대화과정에서도 외부 정보를 지각하는 데 매우 높은 집중력을 보인다.

민감한 처리방식을 가진 사람은 통제할 수 없는 외부의 작은 소리에도 예민하게 반응하며 감정과 자극에 있어서도 아주 민감하게 변화하는 경향이 있다. '센서티브' 작가인 일자샌드Ilse Sand는 "민감함은 신이 주신 최고의 감각이다."라고 하며 민감한 사람들이 어떻게 하면 타인과의 관계를 원만하게 가져갈 수 있는지에 대해 설명한 바 있다.[6] 다음 그림은 민감성과 감성의 관계를 표시한 것이다.

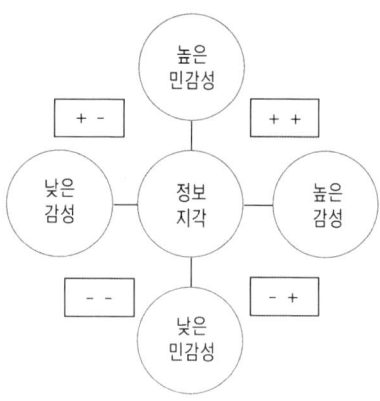

　자신은 정보 지각에서 민감성과 감성의 어느 면에서 지각하기를 하는지 생각해 보자.

　외부 정보를 정확하게 받아들여야 하는 상황에서는 민감성이 높은 사람이 섬세하게 정보를 받아들일 수 있다. 반면에 상대적으로 그 속에 놓여 있는 화자의 감성적인 부분은 매우 낮게 인식될 것이다.

　이것은 경청과정 전반에 영향을 미친다. 지각하기가 경청과정 첫 단계이므로 첫 단계에서 수용되는 정보를 처리하는 경청과정의 흐름에서 감성을 높게 자극하는 특별한 행동이 발생하지 않는 한 낮은 감성 상태는 지속적으로 이어지게 될 것이기 때문이다. 따라서 이 문제를 벗어나기 위해 청자는 기본적으로 자신의 민감성과 감성의 상태를 이해함과 동시에 스스로의 마음을 중립적인 상태로 만들어야 한다. 그래야 청자로서 자신의 지각하기 경청과정을 한쪽 방향으로 편향시키지 않고 온전하게 들을 수 있다.

민감성과 감성의 다른 조합도 마찬가지이다. 듣는 상황에 따라 각각 장점과 단점을 가지고 있다. 따라서 청자는 지각하기에서 자기 자신이 민감성과 감성을 어떻게 받아들이는지에 대해 이해할 경우 더욱 효과적인 경청을 할 수 있다.

대화과정에서 화자와 청자로서의 역할은 지각하기에 많은 영향을 미친다. 상대방과의 대화에서 청자는 화자의 말에 민감하게 반응하기도 하지만 한편으로는 본인이 화자가 되는 경우 무슨 말을 하여야 할지에 대해서도 상대방의 기분을 고려하여 말을 하는 등 모든 감각기관을 동원하여 민감하게 행동을 한다. 즉, 대화과정에서는 쌍방이 수시로 화자와 청자로서의 역할을 번갈아가면서 하는 것이 중요하다.

경청과정에서 지각단계는 일차적으로 대화 상대방의 정보를 받아들일 때 자신의 경청하는 방식이 어떤 방식인가를 파악하는 것이 필요하다고 하겠다. 또한 경청과정은 자신뿐만 아니라 대화 상대방에게도 동일하게 적용되는 것이므로 자신뿐만 아니라 상대방의 정보를 받아들이는 방식을 아는 것도 필요하다는 것을 이해하여야 한다.

주의집중하기

윌리엄 제임스William James는 주의집중에 대해서 "주의가 무엇인지 우리는 안다. 주의란 동시에 가능한 것처럼 보이는 여러 대상 혹은 사고의 흐름 중 하나만을 분명히 하고 마음속에 포착하는 것이다. 주의의 본질은 의식을 한곳으로 집중하는 것이다."라고 하였다. 1890년에 출판된 윌리엄 제임스가 저서 『심리학의 원리The Principles of Phycology』에서 인용한 것처럼 주의에 대한 연구는 오래 전부터 있어 왔다.

주의집중은 경청과정에 있어 매우 중요한 단계이다. 의사소통에서 메시지의 7%는 내용이며, 93%는 맥락과 화자의 대화 속에 놓여 있는 가치와 감정이라고 한다. 이러한 메시지의 전체를 잘 이해하기 위해서는 경청에서의 주의십승 단계가 필요하다. 경청 과정에서 주의집중을 잘하지 못하는 사람들은 전달되는 메시지의 상당 부분을 놓칠 수 있고 이 상황이 지속적으로 반복될 경우 대인 관계에 부정적인 영향을 가져올 수 있다.

그러나 아무리 주의집중한다 하여도 외부 정보를 지각하는 단계에서 지각된 정보 모두를 받아들이는 것은 현실적으로 불가능한 일이므로 우리는 많은 정보들 중에서도 중요한 것을 선별하여 선택적으로 받아들일 줄도 알아야 한다. 즉, 경청 상황에 따라서는 선택적 경청도 필요하다. 그래야 대화의 내용 중 중요 부분 위주로 먼저 이해하고 적절하게 반응할 수 있기 때문이다.

이렇듯 선별적인 주의를 하는 경우에도 주의집중 경청이 필요하며 이것은 대화과정에서 실제적인 정보의 양과 내용을 기억함과 동시에 화자의 대화 맥락과 정서 등도 고려하기 때문에 비록 선별적인 주의집중을 한다고 하더라도 실제로는 청자가 듣는 것보다 더 많은 것을 알 수 있다.

경청과정에서 주의집중을 위해서는 높은 집중력을 가지고 언어적·비언어적 표현에 주의를 기울여야 한다.

대화에서 화자가 나타내는 모든 언어적·비언어적 정보들이 그 상황에서 모두 적절하다고 할 수는 없다. 화자의 성격에 따라 매우 과장되게 말을 하는 경우도 있고 혹은 말을 잘 하지 않는 경우도 있기 때문이다. 청자는 화자가 언어적·비언어적 정보를 많이 나타낼 때에는 그중에서도 맥락에 맞는 언어적·비언어적 표현을 걸러내야 하고 화자가 표현하는 다양한 정보 중에서도 유용한 것을 선별하여 그것에 초점을 맞추어 대화를 유지하도록 하여야 한다. 상황에 따라 화자가 표현하는 정보가 아주 짧게 나타났다고 하더라도 내용상으로는 매우 중요한 경우도 있다. 따라서 청자는 대화 상황에 따라 자신이 어느 정보를 선별할 것인지를 결정하여야 한다.

다음 그림은 여과기라는 개념을 통하여 청자가 정보를 선별적으로 받아들이는 모습을 나타낸 것이다.

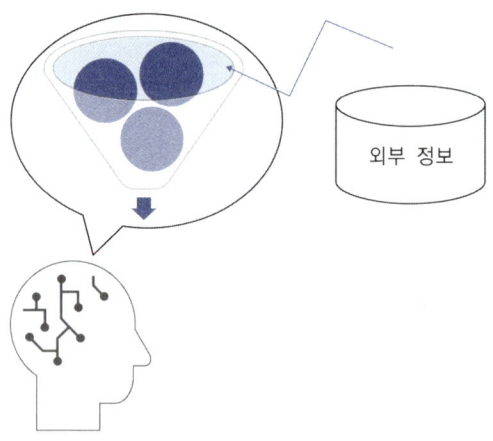

경청과정은 앞에서도 말했듯이 성격에 의해서도 영향을 받는다.

특히 내향적인 사람들은 자신이 말하고자 하는 것을 명확하게 하는 데 다소 시간이 걸린다는 특징이 있다. 그리고 여러 대화 단계를 거친 후 말하고자 하는 본질적인 내용을 말하거나 대화 상대방에 대한 신뢰가 형성되어야만 비로소 마음에 있는 말을 하기도 한다. 그러므로 청자는 화자가 표현하는 언어적·비언어적 정보들을 차분히 잘 살펴보며 화자가 충분히 자신의 생각을 표현하도록 시간을 주어야 한다.

그들은 대체로 말이 없고 말을 하는 경우에도 조용히 말을 한다. 그러나 내향적인 사람이 짧게 말할 때에는 그 말에 중요한 의사, 즉 핵심을 표현하는 경우가 많다. 청자는 내향적인 사람과 대화를 하는 경우 그들의 짧게 이어지는 말 속 — 조용하기는 하지만 때때로 매우 단호한 — 에 있는 맥락을 파악하도록 주의를 한층 더 기울여야 한다. 대화 상대방이 내향적이라서 청자 입장에서 답답하게 생각한다든지 하는 것은 적절하지 못하다. 그들은 자신의 생각을 터놓고 이야기하는 것을 불편하게 생각하는 경향이 있으나 대신 말을 할 경우 짧으면서도 명확하게 한다.

수잔케인Susan Cain은 저서 『콰이어트』에서 내향성을 가진 사람들이 얼마나 위대한지를 증명해 보였고,[7] 경영사상가인 짐콜린스Jim Collins 또한 그의 책에서 사업에 성공한 사람들은 외향적인 사람들일 것이라는 우리의 일반적인 생각과는 달리 상당수가 내향적인 사람들이라는 것을 사례를 들어 설명하고 있다.[8] 그러한 경영에서의 리더들은 말수가 적고 사람들 앞에 나서기를 꺼려하지만 실제 사업을 하는 과정에서 자신의 의견을 이야기할 경우에는 조용하면서도 명확하게 하는 경우가 많다는 것이다. 따라서 그런 성향을 가진 사람들과 일을 하거나 대화를 할 때 그들이 하는 말의 의미를 파악하며 대화를 진행시켜야 하는 것은 청자의 역할이다.

말콤 글래드웰Malcolm Gladwell은 『다윗과 골리앗』이라는 책에서 난독증을 앓고 있는 데이비드 보이스David Boice가 어떻게 소송 변호사로서 성공했는지를 밝히고 있다.[9]

> 데이비드 보이스는 다른 사람들처럼 많은 양의 글을 읽기가 쉽지 않았기 때문에 스스로 사람들의 말을 잘 듣는 방법을 배웠다고 한다. 소송 변호사로서 데이비드 보이스는 변호 과정에서 말을 유창하게 하는 대신, 대질신문에서 상대방의 미묘한 뉘앙스, 미세한 얼버무림, 그 사람의 독특한 단어 또는 무언가를 드러내는 단어의 선택 하나도 놓치지 않았다. 한 시간

전, 하루 전, 혹은 일주일 전의 증언에서 무심코 나온 말이나 넌지시 시인하는 말 가운데 그가 듣고 뇌에 입력하고 기억하지 못할 것이란 없었다. 그는 이렇게 말했다. "…단서는 목소리 높낮이, 속도, 그리고 그가 쓰는 단어들입니다. 어떤 경우엔 말을 멈추는 것도 단서가 되죠. 그는 뭔가를 어떻게 표현해야 할지를 생각하려고 할 때 말을 멈추곤 하였습니다…." 데이비드 보이스는 정말로 남의 말을 잘 들어준다. 잘 들어준다기 보다는 경청 시 고도의 주의를 기울인다고 하는 것이 더 적절할 것이다. 결국 데이비드 보이스는 듣기를 연습한 것이다.

이는 한 분야에서 듣기에 주의집중하는 경우 어떤 일이 나타나는지를 보여 주는 사례라고 할 수 있다. 그러면 경청과정에서 대화 상대방의 이야기를 주의 깊게 듣기 위해서는 어떻게 하여야 할까? 아래 사항은 효과적인 주의집중을 위한 방법들이다.

호기심 |
청자는 기본적으로 대화 상대방에 대해 호기심을 가져야 한다. 호기심이 없다면 상대방의 말을 듣고자 하는 마음도 생기지 않을 뿐더러 설사 듣는다 하더라도 형식적인 경청을 하게 된다. 이러한 경우 대화의 질이 높아질 리 없으며 대화 상대방은 청자가 잘 듣지 않는다는 것을 알아차리고 깊이 있는 대화를 하지 않을 것이다.

반면에 호기심을 가지고 있다면 대화 상대방이 표현하는 언어적·비언어적 표현들이 많은 정보가 되기 때문에 그 과정에서 청자는 화자에 대해 많은 것을 알 수 있다.

질문 |

청자는 화자의 말을 듣는 과정에서 화자의 말이 불명확하여 혼란스럽거나 의문이 생기는 경우 적절한 시점에 적절한 질문을 하여 최소한 청자로서 오해를 가지지 않도록 하여야 한다. 질문은 경청을 더욱 확장하는 기능을 가지고 있다. 질문을 통하여 상대방의 말을 더욱 깊이 들을 수 있는 기회를 가지게 되는 것이다.

적절한 질문을 하지 않는다면 그 순간의 상대방의 마음속 말을 들을 기회는 영원히 사라진다. 실로 그 순간이 얼마나 아까운가?

관찰 |

일반적으로 대화는 화자 자신의 경험과 믿음, 가치를 전달한다. 이러한 과정에서 청자는 화자가 전달하고자 하는 언어적·비언어적 정보들을 받아들이면서 내용과 맥락 그리고 정서 또한 고려하여야 하는 과제를 가지고 있다. 간혹 화자가 언어적·비언어적 상관관계가 일치하지 않는 정보를 제공하는 경우도 있으므로 청자는 이를 잘 파악하여야 한다.

만약 청자가 이러한 미세 변화를 알아차리지 못한다면 특정 상황에서 화자가 거짓말을 하더라도 청자는 알아차리지 못할 것이다.

말의 속도 조절 |

화자의 입장에서는 청자가 자신에게 주의를 기울이도록 하여야 할 책임도 있다. 청자에게는 대화를 해석하고 이해하는 데 일정한 시간이 필요하기 때문에 화자가 말을 너무 빨리 할 경우 생각이 말의 속도를 따라갈 수 없으므로 화자는 자신이 중요하다고 생각하는 이야기를 천천히, 상대방에게 잘 전달하는 것이 중요하다. 즉, 화자는 대화 시 자신이 말하고자 하는 내용을 간단명료하게 상대방에게 전달하여야 하며 상황에 따라서는 반복할 필요도 있다.

일반적으로 화자가 1분당 약 125단어를 말하는 데 반해 청자는 1분당 이보다 약 4배 많은 단어를 들을 수 있다고 한다. 이는 말하는 것과 생각하는 것의 차이를 나타내는 것이라 생각한다. 즉, 청자 입장에서는 들으면서 다른 생각을 할 수 있다는 이야기인데 이 경우 문득 다시 진행 중인 대화로 생각이 돌아오더라도 화자가 직전에 한 말을 듣지 않았기 때문에 경청의 흐름을 놓칠 위험이 있다.

따라서 화자 입장에서는 말을 천천히 하여 청자가 현재 경청하는지를 판단하면서 말을 하도록 한다. 그러면 화자는 자신이 말하고자 하는 내용을 명확하게 할 가능성이 높으며 청자 또한 천천히 그 말을 이해함과 동시에 화자의 언어적·비언어적 표현의 상관관계를 파악하여 말의 내용과 맥락 그리고 정서를 더욱더 잘 이해할 수 있다.

불안감 줄이기

청자는 자신의 내적 불안감을 줄여야 한다. 앞에서도 언급되었듯이 청자의 마음이 불안하거나 안정되지 못할 경우 그것은 심리적인 노이즈로 작용하여 주의 깊게 경청하는 것을 방해한다. 그러므로 우리는 중요한 대화를 하고자 하는 경우 먼저 자신의 마음을 점검해 보아야 한다.

주의 깊게 경청하는 것은 어떤 효과가 있는가? 현재 내 마음 상태는 경청하기에 적절한가? 등 자신이 경청할 수 있는 심리상태인지를 점검하도록 한다. 만약 심리적으로 불안정한 상태라면 화자와의 대화를 연기하는 것이 더욱 좋은 선택이다.

마음이 불안하면 언어적·비언어적 정보를 선택적으로 받아들이게 되어 대화 내용에 주의집중할 수가 없고 나아가 자신의 심리적인 상태에 더욱 집중하게 되어 상대적으로 대화 내용에는 주의를 덜 기울이게 된다. 이럴 경우 오히려 대화를 하지 않은 것만 못한 결과를 가져 올 수도 있다.

대화 환경의 정리

주의 깊은 경청이 쉽지 않은 이유는 너무나도 많은 정보가 쏟아지는 우리의 환경과도 연관이 있다. 주의를 하여야 하는 정보가 너무 많을 경우 우리는 선택적으로 주의집중하는 것마저 힘겨워진다.

다벤포르트와 벡Davenport and Beck은 『주의집중경제The Attention Economy』라는 책에서 경영관리에서 주의집중을 방해하는 많은 사례를 언급

하고 주의집중을 잘하는 방법을 제시하고 있는데 그 내용을 살펴보면 다음과 같다.[10]

첫째, 너무 한곳에만 주의를 기울이지 않도록 주의를 자원으로 간주하여 적절하게 측정하고 할당하도록 한다.

둘째, 주의의 심리적인 영역을 이해하고 지렛대로 활용하도록 한다.

셋째, 주의를 할 수 있도록 도와주는 새로운 기술을 마스터한다.

넷째, 전통적인 주의를 하여야 하는 사업으로부터 교훈을 얻는다.

주의집중은 21세기 관리 영역에서도 매우 중요한 자원으로 간주된다. 우리의 뇌는 주의집중할 수 있는 용량이 한정되어 있으므로 주의집중을 자원으로 간주하여 적절히 관리하는 것이 특히 중요하다고 하겠다.

경청에서의 주의집중은 지각하기 단계에서 우리가 받아들인 수많은 정보 중 우리에게 필요한 정보만을 선택적으로 받아들이는 역할을 함으로써 정보 수용의 과부하를 방지하고 우리가 중요하게 생각한 것들에 대해 생각하도록 하는 조절 역할을 한다. 주의집중이 부족할 경우 대화의 핵심을 파악하기가 어렵고 많은 정보를 걸러내지 못함으로써 정보 수용에 있어 과부하가 생길 수 있다.

따라서 우리는 경청에서의 주의집중 역량을 높여야 한다.

이해하기

경청과정에서 이해하기는 매우 폭넓은 과정이다. 대화과정에서 상대방이 제공하는 다양한 언어적·비언어적 정보들은 정확한 이해과정을 거침으로써 상대방을 이해하고 또 이해시킬 수 있다. 메시지를 완전하게 듣고 하여야 하며 화자가 말하는 메시지의 구조를 이해하는 것이 중요하다.

만약 화자가 말하는 이야기를 충분히 이해하지 않은 상태에서 경청을 계속할 경우 우리 몸은 우리가 모르는 사이에 무의식적으로 우리가 잘 안 듣는다는 신호를 보내게 되고 상대방은 우리의 행동에 대해 듣는 척한다고 생각할 수 있다.

우리가 누군가를 이해하려면 주의집중을 하여야 하며 상대방을 진정으로 이해하기 위한 듣기를 원하는 마음을 가져야 한다. 경청과정에서 이해를 한다는 것은 인지적인 측면과 정서적인 측면 두 가지 모두가 기본이 되어야 할 것이다.

인지적인 정보처리 관점에서는 상대방의 언어적·비언어적 정보들을 정확하게 파악하며 그것에 기초하여 상대방의 의도를 이해할 필요가 있다. 이러한 과정은 어느 면에서는 쉽게 파악될 수도 있는 문제이다. 왜냐하면 우리가 만나는 사람들은 우리가 평소 가깝게 지내는 사람들일 것이고 설사 다른 사람을 만나더라도 그 사람에 대해 세심한 관찰을 할 경우 정보처리 관점에서는 그것들을 비교적 쉽게 파악할 수 있을 것이다.

인지적으로 이해할 경우 상대방이 사용하는 용어, 언어적·비언어적 정보, 상황에 따라 상대방이 한 말을 자신이 생각한 용어로 바꾸어 말해보는 것이다. 그렇게 하면 상대방의 말을 방해하지 않으면서 이해하고 알게 된다. 경청을 하다보면 상대방이 말하는 메시지가 명확하지 않은 경우가 많은데 이럴 경우 그 내용을 파악하는 데 시간을 보내는 대신 적절한 질문을 통하여 의미를 파악하는 것이 좋다. 그리고 대화 도중에라도 적절하게 피드백을 하는 것이 필요하다. 정확하게 이해한 내용을 기초로 자신의 생각을 말하여야 할 경우 적절한 피드백은 상대방에게 당신이 상대방의 이야기를 잘 듣고 이해하였다는 것을 의미함으로써 상대방은 당신을 신뢰할 수 있을 것이다.

정서적인 측면에서 우리는 진정으로 상대방을 이해하기 위해 공감적 경청을 하여야 한다. 공감이라는 단어는 독일어로는 'Einfühlung'이라고 하는데 이것은 '안으로 들어가기$_{into\ feeling}$'를 뜻하는 말로 상대방의 감정에 들어가 상대방과 같이 느끼는 것을 의미한다. 공감을 하기 위해서는 타인에 대한 관심을 가져야 한다. 관심을 보인다는 것은 에너지를 주는 것이다. 대화 과정에서 상대방을 바라보는 시선은 에너지를 주는 것이라고 할 수 있다. 선의를 담은 시선은 상대방에게 말할 수 있다는 용기를 준다.

우리는 누구나 타인에게 에너지를 주는 공감적 경청을 할 수 있다. 공감적 경청은 전형적으로 해결해야 할 문제가 있거나 현재 갈등이 있는 감정 상황에서 사용할 수 있는 효과적인 경청 기술로서 청자가 판단이나 비판으로부터 자유로운 상태에서 감정을 공유한다. 공감적 경청을 위해서는 대화 상대방과 함께 지원하는 대화 분위기를 조성하고 공감을 가지고 반응을 하여야 하며, 판단과 비판, 강의, 충고 및 간섭 등을 피하여야 한다.

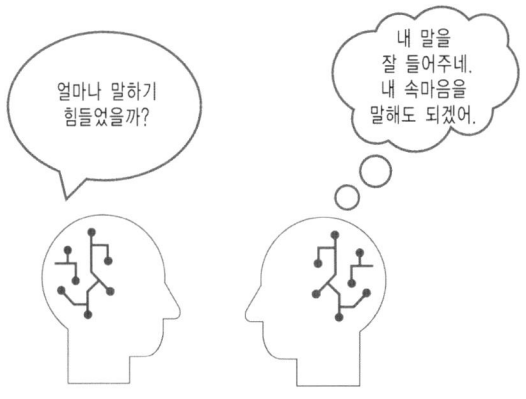

『성공하는 사람들의 7가지 습관』의 저자인 스티븐 코비Stephen R. Covey는 그의 책에서 5번째 습관으로 '먼저 이해하고 다음에 이해시켜라'를 제시하고 있다.[11] 이 말은 얼핏 간단해 보인다. 하지만 실제로 상대방을 진정으로 이해하기 위한 경청을 해 본 사람들이 얼마나 될까? 스티븐 코비는 '먼저 이해하고 다음에 이해시켜라'의 의미를 다음과 같이 설명하였다.

> "먼저 이해하고 다음에 이해시켜라."라는 말은 매우 심오한 패러다임의 전환을 가져온다. 우리는 보통 남에게 먼저 이야기하여 이해받고 싶어 한다. 또한 대부분의 사람들은 이해하려는 의도를 갖고 듣는 게 아니라 대답할 의도를 갖고 듣는다.

따라서 사람들은 대개의 경우 말을 하고 있거나 말할 준비만 하고 있다. 그들은 자신이 갖고 있는 패러다임을 통해 모든 것을 여과시키고, 다른 사람들의 생활 속에 자신의 경험을 심어 주고자 한다.

이렇듯 상대방을 이해한다는 것은 말처럼 쉬운 일이 아니다. 우리는 대화 시 먼저 판단적 경청을 보류하여야 한다. 판단적 경청을 보류하게 되면 상대방의 언어적·비언어적 정보들을 보다 객관적으로 볼 수 있기 때문이다.

또한 우리는 상대방을 온전히 이해하기 위해서 대화를 하는 현재인 '지금 여기'에 집중하여야 한다. 에이미 커디Amy Cuddy는 그녀의 책 『프레즌스Presence』에서 대화 시 현재에 집중하여야 하는 이유를 다음과 같이 말하고 있다.[12]

> 경청은 프레즌스의 결정적인 요소이다. 우리가 진정으로 상대의 말에 귀를 기울일 필요가 있을 때 제기되는 어렵고 까다로운 문제들은 현재에 충분히 집중하기 어렵도록 만드는 문제들과 동일하다. 우리 귀에 들리는 말을 진정으로 이해하고자 하는 마음이 없을 때는 진정한 경청도 불가능하다. 경청은 결코 쉬운 일이 아니다. 판단을 유보해야 하기 때문이다. 심지어 좌절감을 느끼거나 공포에 휩싸이거나 지루하거나 도저히 참을 수 없을 때조차도 판단을 유보해야 한다. 또 위협당한다는 느낌 속에서나 우리가 듣고자 하는 것을 간절하게 바라는 중에도 판단을 유보해야 한다. 우리는 상대가 정직해질 수 있도록 자리를 내어 주어야 하고 또 정직해도 다치지 않을 것임을 보

장해 주어야 한다. 상대가 하는 말을 들으면서 방어적으로 변명을 해서도 안 된다. 어떤 사람들의 경우에는 침묵의 공포 그리고 대화의 주도권을 잃었을 때의 공포를 극복해야 하는 문제이기도 하다.

경청에서의 이해하기는 우리의 판단을 보류하고 현재에 집중하는 것이다. 따라서 들으면서 '다음에 무슨 말을 해야지' 하는 생각을 해서는 안 된다. 현재에 집중하여 경청을 하는 것이 중요하며 그 과정에서 우리는 다른 사람이 가진 준거 틀의 내면에 들어갈 수 있고, 그 사람을 온전히 이해할 수 있다.

이것이 바로 '공감적 경청'이다. 공감적 경청은 다른 사람의 관점을 통해서 사물을 보는 것, 즉 그들이 세상을 보는 방식에 입각하여 세상을 보는 것이다. 이때 우리는 그들의 패러다임과 감정을 이해하게 된다. 인간본위 심리학으로 유명한 칼 로저스Carl Rogers는 공감적 경청에 대한 그의 생각을 다음과 같이 말하고 있다.[13]

> 나는 경청이 중요한 결과를 가져온다는 것을 발견했습니다. 사람의 말을 듣되 단순히 그가 말하는 단어만이 아닌 그 순간 그에게 중요한 의미를 진실로 들어 줄 때, 내가 그만의 개인적이고 은밀한 의미들을 듣고 있다는 것을 그가 알게 되면 놀라운 일들이 일어납니다. 무엇보다 그 사람의 표정이 달라집니다. 편안함을 느낍니다. 자신의 세계에 대해 좀 더 이야기하고 싶어 합니다. 새로운 자유의 느낌이 솟아납니다. 그리고 변화에 마음을 좀 더 열게 됩니다. 상대방이 의미하는 것을 더 깊

이 들어 줄수록 더 많은 일들이 일어나는 것을 종종 봅니다. 누군가가 자신의 말을 들어주고 있다고 느낄 때, 사람들은 거의 항상 눈물을 흘립니다. 나는 그들이 사실은 기뻐서 우는 것이라고 생각합니다. 마치 "아, 이제 살았다! 누군가 내 말을 들어주네. 누군가 나를 제대로 알아주네."라고 말하는 것 같지요.

이렇듯 경청과정에서의 이해는 인지적이며 지적인 것일 뿐만 아니라 감정적인 측면도 있는 것이다. 사람은 일반적으로 인지적·지적으로 생각과 행동을 하는 것처럼 보이지만 사실 내적으로는 감정적인 면이 강하게 작용하고 있다. 이러한 관점에서 이해하기 단계는 인지적·정서적인 면을 동시에 고려해야 하는 단계라고 할 것이다.

우리가 상대방의 말을 이해한다고 생각하더라도 이는 우리가 가지고 있는 경험 내에서 이해하는 것이다. 일상적인 대화에서는 크게 문제가 되지 않지만 특별한 상황에서 감정적인 대화가 함께 진행되는 경우라면 우리는 인지적 관점에서의 경청뿐만 아니라 공감적 경청을 동시에 행하여야 한다. 그러나 처음부터 이해하기 단계에서 공감적 경청에 도달할 수 있는 것은 아니다. 처음에는 지각, 주의를 통하여 언어적·비언어적 정보를 파악하고 상대방의 말의 의미를 파악하는 데 중점을 두어야 한다.

사람은 누구나 내적 언어를 가지고 있고 내적 언어는 통제하지 못하고 끊임없이 자신에게 말을 거는 특징을 가지고 있기 때문이다.

따라서 청자가 잘 듣고 있더라도 화자인 상대방은 어쩌면 자신의 내적 언어로 "저 사람은 내 말을 잘 듣지 않네. 적당하게 대화를 중단하는 것이 좋겠어." 따위의 말을 자기 자신에게 하면서 청자 입장과는 관계없이 대화를 중단하고자 할 것이다. 그러나 이 상황에서 만약 우리가 대화 상대방의 말을 처음에는 인지적으로 경청하더라도 점진적으로 상대방이 말하는 내용과 감정을 결합하여 공감적 경청단계로 이행해가면서 말하는 사람의 마음을 이해하고자 하면 말하는 사람은 내적 언어에 더 이상 귀를 기울이지 않고 청자의 공감적 경청하는 태도에 마음의 문을 열고 자신의 마음을 우리에게 보여줄 것이다.

그러므로 청자는 대화의 어느 시점부터 공감적 경청을 해야 하는지를 이해하는 것이 중요하다고 하겠다. 이는 이해하기 전 단계인 주의집중에서부터 요구되는데 청자는 대화가 진행되는 짧은 시간이라도 화자의 감정이 표출되는 단어나 문장 또는 얼굴 표정과 몸동작 등을 통하여 화자의 감정상태를 어느 정도는 파악할 수 있다.

그러나 설사 그 순간을 놓쳤다 하더라도 화자는 계속하여 간헐적으로 자신의 감정을 표출한다. 따라서 공감적 경청을 하는 순간은 대화 중간중간 계속 나타나는 것이라고 할 수 있으며 경청의 흐름에서 화자의 감정상태를 수시로 파악할 수가 있는 것이다.

이런 경청을 '순환 고리 경청'이라고 하는데 우리가 한 번의 경청만을 할 경우 우리는 정보처리 단계에 머물게 되지만 우리가 더 깊게 경청할 경우 '순환 고리 경청' 단계로서 공감적 경청을 하는 단계에 이르게 되는 것이다. 즉, 이해하기 단계에서는 이렇게 몇 단계 깊은 경청이 요구된다.

이해하기 단계에서 순환 고리 경청을 할 경우 우리는 상대방이 제공하는 언어적·비언어적 정보들에 대해 한층 더 주의를 기울이게 됨으로써 언어적 의미와 비언어적 의미를 더욱 깊게 이해할 수 있다. 이 단계에서 청자는 무엇보다도 자신이 대화하는 상대방에 대해 인간적인 관심을 가져야 한다. 이러한 관점에서 칼 로저스는 깊은 경청은 사고뿐만 아니라 깊은 내면의 반응과 감정을 포함하는 전체적인 인간에 관련된 것이라고 말하고 있다.

해석하기

경청과정에서 '해석하기'는 듣는 것뿐만 아니라 보는 것도 포함하는 과정이다. 보통 대화에서 언어적인 부분은 30%, 비언어적인 부분은 70%를 차지한다고 한다. 우리는 경청을 한다고 생각할 때 단지 귀로 듣는 것을 생각하기 쉬운데 그것은 부분적인 것이다. 만약 우리가 대화 상대방을 대면하지 않고 목소리로만 대화의 의미를 파악하고자 할 경우에는 대화 내용의 많은 부분을 놓칠 수 있다. 이는 우리가 상대방의 얼굴 표정이나 손동작 등 비언어적인 형태로 표현되는 정보들을 보지 못하기 때문에 그 의미를 해석하는 데에 어려움을 느끼기 때문이다.

앞서 이야기했듯 알버트 메라비언Albert Merabian은 메시지의 전체적인 영향을 언어(단어나 말) 7%, 음성적 언어(성량 고조, 리듬 등) 38%, 신체적 언어(얼굴 표정 등) 55%로 세분화하였다.

먼저 언어적 단서에는 단어의 메시지뿐만 아니라 음성적인 요소들도 포함된다. 음성들로 구성된 요소들을 준언어라고 하는데 여기에는 음의 고저, 음성의 조절, 억양, 음의 긴장상태, 음의 크기, 음의 세기, 음의 속도, 음의 색조, 음의 변화 등이 있으며 웃음, 하품 등도 음성의 특징에 포함된다. 이러한 음의 성질로 인하여 전달되는 것은 언어적 표현 전달력의 38%를 차지한다고 한다.

대화 과정에서 화자는 순간순간 자신도 모르는 사이에 자신의 속마음을 표현하게 되는데 청자가 완전한 형태로 알아들을 수 있을 만큼의 언어적 표현은 아니다. 화자는 음의 고저 또는 음의 색조를 변화시키거나 음의 속도를 조절하며 말하게 되는데 이때 청

자는 화자의 음성의 변화를 인식하여 화자의 감정 상태를 파악할 수 있다. 단, 이는 청자가 주의집중을 하는 경우에만 가능하다.

청자가 주의집중을 하지 않는다면 대화에서의 비언어적 요소를 해석하기에 앞서 언어적 표현의 상당 부분을 잃어버릴 것이기에 원만한 대화를 유지하기가 어렵다.

한편 단어로 표현되는 언어적인 요인에는 반복하여 말하거나, 말하는 과정에서 특정 문장을 누락시키거나, 의도하지 않은 말을 하면서 말실수를 하거나, 문장의 정확성과 변화를 충분히 이끌지 못하거나, 문장의 불완전성 및 말 더듬기 등이 있다.

이러한 단어로 표현되는 언어적인 표현들은 7%의 전달력을 가지고 있는 것으로 나타나는데 비율과 관계없이 단어로 표현되는 화자의 의사전달은 중요하며 그것을 이해하거나 해석하는 것 역시 청자 입장에서는 매우 중요한 일이다. 청자는 화자의 단어에 주의집중하다 보면 화자의 말이 청자의 눈앞에서 춤을 추며 흘러가는 모습을 보게 될 것이다.

이 경우 우리는 '듣는 것'이 아니라 '보는 것'이다. 그 흐름 속에서 청자는 어떤 단어가 맥락에 맞지 않고 어떤 단어는 누락이 되었으며 어떤 단어는 이해하지 못하는 단어라고 인식함과 동시에 화자가 즐겨 사용하는 단어 등을 파악하는 것도 가능해진다. 주의 깊게 경청을 하는 청자는 단어로 표현되는 문장과 화자의 음성의 변화를 연결하여 화자가 표현하고자 하는 언어적인 표현의 상당 부분을 이해하거나 해석할 수가 있다. 하지만 아직도 화자의 대화 내용을 충분히 이해하거나 해석한 단계는 아니다.

의사소통에서 비언어적 정보를 파악하는 일은 해석단계에 있어 매우 중요하다. 비언어적으로 소통하는 방법은 다양하다. 얼굴 표정, 몸짓과 같은 신체언어로 표현하는 방법, 다른 사람과의 거리를 얼마나 두느냐 하는 것과 같은 공간적 관계를 이용하는 방법, 자신이 좋아하는 물건을 통한 목적언어 사용 방법 등이 있고 때로는 침묵 등을 사용하여 소통하기도 한다.

다음에서는 비언어적 요소에 대해 더 자세히 알아보고자 한다.

얼굴표정 |

대화과정에서 전달력의 약 55%를 차지하는 비언어적 요소들은 청자가 화자의 대화를 이해하거나 해석하는 데에 있어 매우 중요한 요소들이다. 비언어적 정보 중에서는 얼굴 표정이 가장 중요하다. 특히 얼굴 표정은 매우 미세한 표정들까지 나타나는데 얼굴에 나타나는 미세한 표정들은 나타나는 그 시간이 아주 짧아서 주의 깊은 경청을 하지 않는다면 청자는 이것을 알아차리기가 어렵다.

비언어 의사소통전문가인 폴에크먼Paul Ekman은 감정이 얼굴 표정으로 나타난다고 하며 다음과 같이 말하였다.[14]

> 미세표정은 대부분 사람들이 잘 알아보지 못한다. 미세표정은 대개 아주 강하면서 아주 짧아서 0.04초 동안만 나타난다고 한다. 미세표정은 어떤 경우가 되었건 감정을 감춘 것이다. 의도적으로 감정을 감춘 것일 수도 있다. 그럴 때면 자신이 어떤 감정을 느끼는지 정확히 알고 있으나 다른 사람들이 알기를

바라지 않은 것이다. 혹은 감정을 감추려 한 것이 아니라 억누른 결과일 수도 있다. 이 경우 그 사람은 자신이 감정을 억누르고 있다는 것을 전혀 깨닫지 못한 상태에서 미세표정이 나타나는 것이다. 중요한 것은 감정을 감추는 모든 사람한테서 미세표정이 나타나는 것은 아니라는 사실이다. 따라서 미세표정이 나타나지 않았다고 하여 그 사람이 감춘 것이 없다는 뜻은 아니라는 점을 염두에 두어야 한다. 그러나 미세표정을 포착할 수 있다면 아주 유용한 정보를 얻는 것이다.

폴 에크먼은 얼굴 표정의 보편성을 연구하기 위하여 파푸아뉴기니에 있는 원주민과 뉴욕 대도시에 사는 시민들을 대상으로 그들이 특정 감정-폴 에크먼은 사람들이 보편적으로 표정을 지닌 일곱 가지 감정을 이야기하고 있는데 그것은 '슬픔, 화, 놀라움, 두려움, 역겨움, 업신여김, 기쁨'이다.-을 느낄 때의 얼굴 표정 변화를 조사하였다. 조사 결과, 특정 감정을 느낄 때 원주민과 대도시에 사는 사람들의 얼굴 표정은 비슷한 것으로 나타났다. 이는 문화적인 차이에도 불구하고 얼굴 표정에 유사성이 있음을 보여 준다.

감정의 변화는 얼굴을 통하여 나타나며 완벽하게 감출 수 없다. 미세하게나마 다양한 감정이 얼굴에 표정으로서 나타나고 사라지는 것이다. 따라서 청자는 화자가 말하는 동안 그의 얼굴에서 순간적으로 나타났다가 사라지는 미세 얼굴 표정을 잘 관찰하는 것이 중요하다. 하지만 청자가 화자의 말을 들으면서 다른 생각을 하고 있을 경우 이러한 미세 얼굴 표정 변화를 감지하지 못할 것이다. 효과적인 의사소통을 위해서는 미세하게 변화하는 얼굴표정 같은 비언어적 정보를 잘 해석하여야 한다.

몸짓 |

전 FBI 요원이자 비언어전문가인 조 내버로Joe Navarro는 말보다 정직한 7가지 몸의 단서를 제시한다.

표정
제스처
신체움직임(동작)
근접거리(공간)
접촉(촉각)
자세
옷차림

조 내버로는 사람들이 자신의 생각과 의도가 투명하게 비치는 많은 신체언어를 사용한다고 보았다. 신체언어는 대화 과정에서 상당히 많은 양의 정보를 우리에게 제공해 준다. 조 내버로는 그의 책 『행동의 심리학』에서 신체언어를 잘 관찰한 효과에 대한 사례를 이야기하고 있다.[15]

어느 날 애리조나 주 파커 인디언보호구역에서 한 젊은 여성이 성폭행을 당하는 사건이 일어났다. 사건의 용의자가 조사를 위해 불려왔는데, 그는 매우 당당했고 진술내용도 그럴 듯

했다. 그는 피해자를 본 적도 없고, 들에서 목화밭 길을 따라 가다가 왼쪽으로 돌아서 곧장 집으로 들어갔다고 주장했다. 동료들이 그 진술을 기록하는 동안 나는 그가 왼쪽으로 돌아서 집으로 들어갔다고 말할 때 무의식적으로 손이 오른쪽을 가리키는 것을 보았다. 그가 무의식적으로 가리킨 방향은 정확히 성폭행 현장으로 가는 길이었다. 만약 내가 그를 관찰하지 않았다면 언어(왼쪽으로 돌아서)와 비언어(손으로 오른쪽을 가리키는 것) 사이의 불일치를 포착하지 못했을 것이다. 그 행동을 발견한 즉시 나는 그의 말이 거짓임을 알았고, 잠시 기다렸다가 그를 다시 대면해 집중적으로 추궁했다. 결국 그는 범행을 자백했다.

거리 공간 |

비언어적 해석에서 중요한 것으로 거리 공간의 개념을 들 수 있다. 사람 사이의 공간의 양은 비언어 의사소통의 명확한 다른 형태이다. 사람은 각자 개인의 공간 개념을 가지고 있다. 두 사람 사이에 수용되는 거리는 그것들의 크기, 형태, 높이, 무게, 문화적인 차이와 두 사람 사이의 관계에 의하여 영향을 받는다. 인류학자 에드워드 홀Edward Hall은 거리를 친근한 거리, 일상적인 거리, 사교적인 거리, 대중적인 거리로 구분하여 설명한다.[16]

친근한 거리는 거리가 가깝다는 강한 감정을 느낄 정도의 거리를 의미하며 이러한 거리는 친한 친구 또는 가족들에게만 허용된다. 일상적인 거리는 일반적으로 두 팔을 벌린 거리, 일상적으로 개인적인 대화를 하는 사람 사이의 거리로 인식되며 사교적인 거리는 다른 사람의 신체적인 접촉의 범위를 넘어서는 거리, 대중적 거리의 경우 각 개인 간에 멀리 떨어져 있는 거리를 말한다.

거리는 비언어적인 요소로서 나와 상대방의 심리적 친밀감을 나타내 준다. 만약 내가 친밀하다고 생각하는 상대방이 나와 일정한 물리적 거리를 유지한다면 내가 그 사람과 정말 친한 관계인지 아닌지를 다시 한번 생각해 볼 필요도 있다.

목적 언어 |

'목적 언어' 또한 비언어적 요소이다. 예컨대, 대화 상대방의 책상 위에 놓여 있는 가족사진, 가구, 물건 등을 통해 우리는 그 사람을 알 수 있다. 즉, 사람들은 자신이 좋아하는 것들을 통하여 알게 모르게 무의식적으로 자신의 이야기들을 전달하므로 다른 사람의 사무실이나 집을 방문할 상황이 생긴다면 우선적으로 그 사무실이나 집의 환경을 살펴보는 것이 좋다. 사무실이나 집 공간에 놓여 있는 물건들을 통해 상대방의 취향이나 성격을 유추할 수 있고 이는 화자의 언어적·비언어적인 표현들을 이해하는 데 도움이 되기 때문이다.

침묵 |

그 밖의 비언어적 요소에는 '침묵'이 있다. 4분 33초 곡으로 유명한 존 케이지John Cage는 3악장을 지휘하였는데 연주시간 동안 각 악기연주자들이 아무 연주를 하지 않은 것으로 유명하다.[17] 작품 연주시간 동안 청중은 침묵 속에서 연주를 감상하였으며 연주가 끝난 후에는 지휘자 존 케이지에게 박수를 보냈다. 청중은 침묵 속에서도 지휘자의 서 있는 모습과 각 악기 연주자들의 표정을 볼 수 있었다. 청중들 각자가 느끼는 것은 다르겠지만 침묵 속에서 음악을 감상한다는 의미는 동일하다.

대화 과정에서 상대방이 침묵할 때는 여러 가지 의미가 있다고 할 수 있다. 무슨 말을 할 것인지에 대하여 생각한다거나 청자의 듣는 태도가 마음에 들지 않는다거나 혹은 몸 상태가 힘들어서 말을 계속해서 하는 것이 어렵다든지 등등 다양한 해석이 가능하다. 이 경우 청자는 일단 화자가 침묵을 마치고 다시 이야기를 할 때까지 기다려 주는 것이 좋다. 화자는 자신이 말을 한 상태라면 어떤 상황에서든지 말을 마쳐야 하므로 청자가 기다려 준다면 그 순간을 정리할 것이기 때문이다.

평가하기

경청과정에서 평가하기 단계는 청자가 화자로부터 받은 언어적·비언어적 정보를 평가하는 단계이다. 청자는 화자로부터 양적·질적으로 정보를 수집하고 수집된 정보를 기초로 청자의 대응을 위한 평가를 한다. 평가단계에서는 비판적 사고가 중요한데 여기서 비판적이라 함은 무조건적인 반대를 의미하는 것이 아니라 내용과 맥락을 고려하여 객관적으로 사고하고 평가하는 것을 의미한다.

따라서 청자에게는 이 평가단계에서 비판적 사고를 하고 나아가 창의적 사고와 연계시키는 것이 중요하다. 평가는 청자로 하여금 그동안 화자로부터 들은 것을 정리하고 그것으로부터 자신의 의견을 생성한다.

비판적 평가를 위해서 먼저 청자는 화자의 정보로부터 사실과 감정을 구별하여야 한다. 이것이 선행되지 않으면 정확한 평가를 할 수 없다. 평가단계에서는 논리적인 측면과 감정적인 측면을 동시에 고려하여야 한다.

사람들은 화자가 정확하게 말을 하는 경우 화자의 말에 대해서 긍정적인 평가를 하는 경향이 있다. 만약 화자가 말을 명확하게 하지 않았다면 청자는 그 말의 평가를 정확하게 하기 쉽지 않고 이는 메시지를 해석하고 평가하는 데 부정적인 영향을 미칠 것이다. 좋은 청자는 화자의 말을 평가할 때 자신의 생각에 기초를 두지 않고 화자의 메시지를 정확하게 해석하고 평가하는 데 더 신경을 쓴다.

경청과정에서 평가단계는 인지적 과정을 포함하고 청자가 들은 메시지의 중요성 판단 및 문제해결과 의사결정을 하는 데 그 필요성이 있다. 청자는 화자의 메시지에 대해 평가하기 전 화자의 말을 끝까지 들어야 한다. 만약 청자가 화자의 메시지를 끝까지 듣지 않고 중간중간 끊어서 평가를 한다면 화자의 메시지를 온전히 이해하고 해석하여 평가하는 것은 불가능하다. 청자가 머릿속에서 화자의 메시지를 해석하고 평가하는 동안에도 화자는 지속적으로 말을 하기 때문이다. 따라서 청자는 올바른 평가를 위해 화자의 메시지를 끝까지 듣는 습관을 길러야 한다.

간혹 청자가 화자의 메시지를 평가하면서 중간에 질문을 하는 경우가 있다. 이때 일단 화자의 말이 중단되면 다시 대화를 유지하기가 쉽지 않으며 화자는 청자에게 자신이 하고자 하는 말을 온전히 다 말하지 않을 것이다. 그러므로 청자는 인내심을 가지고 화자의 말을 끝까지 들음과 동시에 화자의 동기, 스타일, 커뮤니케이션 스킬 및 메시지의 비판적 평가를 위해 탐구형 질문을 사용하도록 한다.

경청과정에서의 평가단계는 실질적으로 우리의 생각하는 과정에 영향을 미친다. 평가단계에서도 논리적인 측면과 감정적인 측면이 동시에 존재한다. 일단 화자의 주장을 확인했으면 제시된 증거의 질을 평가하는 것이 비판적 경청자가 할 일이며, 청자는 화자의 메시지를 사실적인 관점에서 평가하려 할 경우에도 여러 가지 사항들을 세심하게 종합하여 평가 및 판단하여야 한다.

반면, 감정적인 평가를 할 때에는 사실적인 평가와는 다르게 감정적 영향을 받을 수가 있다. 사실적인 평가와는 달리 주관성이 개입할 여지가 있기 때문이다.

평가를 '잘'하기 위해서는 상대방에 대해 먼저 이해하고 여유로운 마음을 가져야 한다. 너무 조급하게 생각할 경우에는 평가하기 단계에서 성급한 결론을 내릴 수도 있다. 평가하기 단계는 경청과정에서 모든 경청요소들을 종합하여 판단한 것이다. 이러한 종합적인 판단능력이 유용하게 사용된다면 비판적 사고와 창의적 사고로 전환되어 문제해결과 의사결정을 위한 도움이 될 수도 있다.

기억하기

경청과정에서 기억하기 단계는 매우 중요한 단계이다. 기억하기 단계는 경청과정의 모든 단계와도 관련이 있다. 사람들은 대화를 하는 경우 자신의 경험에 근거하여 말하며 청자 역시 자신의 경험에 근거하여 듣고 판단을 하는 경향이 있다. 그러나 사람은 경험하는 것들 모두를 기억할 수는 없으며 대화과정에서 들은 것들을 모두 기억하고 저장할 수도 없다.

앞에서 경청에서의 주의집중이 왜 필요한지를 살펴보았다. 주의 깊은 경청은 기억과정과도 상호 연관성이 높다. 우리의 뇌는 기억체계를 가지고 있고 이는 감각기억 혹은 즉각기억과 단기기억 그리고 장기기억으로 나누어 볼 수 있는데 기본적으로 기억에는 외부 정보를 감각적으로 인지하는 감각기억 단계가 있다. 감각기억은 아주 짧은 기간 동안만 기억되고 사라지는 기억을 말하는데 경청과정에서 상대방으로부터 받은 정보들을 아주 짧은 시간 동안 기억하는 것은 감각기억이라고 하겠다.

예컨대 우리 주변에는 유난히 다른 사람의 이름을 잘 외우는 사람이 있다. 그들은 상대방을 처음 보는 순간 상대방의 이름을 외워 다음번에 만날 때 그 이름을 불러준다. 자기의 이름을 들은 사람은 호의적인 생각을 하게 되는데 이것이 바로 감각기억을 잘 활용하는 예라 하겠다.

기억은 일반적으로 단기기억과 장기기억으로 구분된다. 단기기억에 보관할 수 있는 정보의 양은 제한되어 있고, 단기기억은 일정한 시간이 지나면 사라지게 된다. 어쩌면 단기기억을 잊어버리는 것이 다행일지도 모른다. 만약 우리가 받아들이는 모든 정보들을 잊어버리지 않고 다 기억한다면 우리는 너무 많이 기억되는 정보에 의하여 스트레스를 받을 것이다.

장기기억LTM: long-term memory은 무한대의 기억용량을 가지고 있는 것으로 알려져 있으며 장기기억에서 정보가 망각되는 일은 있으나 그 일은 서서히 일어난다고 한다. 감각기억으로부터 단기기억 그리고 장기기억으로 흐르는 기억체계를 상향처리라고 하고 장기기억으로부터 감각기억으로 정보가 흐르는 과정을 하향처리라고 한다.

대화상황에서 상대방으로부터 표출되는 언어적·비언어적 사항들은 다 정보이다. 우리는 시각적·청각적으로 그 정보를 받아들이면서 그러한 정보들을 감각기억, 단기기억 그리고 장기기억으로 저장하려고 할 것이다.

반면에 우리가 알고 있다고 생각되는 정보들과 우리가 이해하지 못하는 정보들은 기존에 우리가 가지고 있던 장기기억과 연계되어 이해·해석·평가하는 과정을 거치게 되고 상호 작용하면서 우리의 반응을 결정짓게 하는 하나의 요인이 된다. 이렇듯 기억은 경청과정에서 상향식·하향식 정보처리 과정을 수행하는, 우리 뇌의 기능 중에서도 아주 중요한 기능을 한다.

경청과정에서 중요한 것은 단기기억을 잘 활용하는 것이다. 단기기억은 작업기억working memory이라고도 하며 정보가 장기기억으로 저장되기 전 많은 일들을 먼저 처리한다. 경청과정에서도 청자는 화자의 언어적·비언어적 정보들을 이해하고 해석하는 과정에서 짧은 시간 동안 단기기억에 머물고 있는 정보들을 파악, 특히 그중에서도 의미와 맥락 그리고 기존의 지식과 연합하여 필요한 정보들을 선별하여야 하는 상황에 놓이게 되는데 이는 대화의 형식에 따라 다르게 진행된다. 청자가 중요하다고 생각하는 내용에 주의 집중하여 들을 경우 그 내용은 단기기억 중에서도 더 오랫동안 기억된다. 단기기억에서 더 오랫동안 기억이 된다는 것은 그 정보가 장기기억으로 저장될 가능성이 높다는 것을 의미하는 것이다.

경청 및 기억과 관련하여 보스트롬Robert N. Bostrom은 경청과정에서의 기억에는 3가지가 있으며 그것은 단기, 중기, 장기기억이라고 설명한다. 특히 언어적인 내용을 듣는 과정에서 기억을 단기 경청, 리허설을 하는 단기, 전체 경청으로 구분하였고[18] 여기서 중요한 것은 '단기 경청'이며 단기 경청을 하는 사람은 대화에서 더 나은 결과를 가져왔다고 주장하였다.

그렇다면 단기 경청이란 무엇인가? 실제 경청과정 시 우리는 우리가 듣는 모든 것을 장기기억으로 가져갈 수는 없다. 대화 상황은 단기간에 종료되므로 그 자리에서 핵심적인 내용들 위주로 기억하면서 대화의 흐름을 이어가는 것이 중요하며 이 상황에서 필연적으로 우리의 단기기억 능력은 발휘되어야 한다. 그리고 대화를 마친 후에 핵심 내용을 간추리고 그것을 정리하는 과정에서 일부가 우리의 장기기억으로 넘어간다. 경청에서 우리는 중요한 단어나 문장을 들을 경우 순간적으로 그 단어나 문장을 속으로 따라하면서 기억을 한다.

경청에서는 리허설을 하는 단기 경청을 활용한다. 방금 들은 단어나 문장을 입속으로 따라하면서 반복을 하는 것은 학습적인 측면에서 볼 때 단기기억을 향상시킨다. 짧은 순간이나마 이렇게 리허설을 하는 과정에서 우리는 그 의미를 파악할 수 있고 미처 발견하지 못한 내용도 이해할 수 있는 것이다. 보스트롬Robert N. Bostrom은 경청과정에서 단기 기억을 제시하면서 이러한 행동들이 단기간에 끝나는 대화 상황에서 꼭 필요하다고 주장하였다.

상대방이 말을 하는 과정에서 이해가 안 되거나 서로 일치가 되지 않을 때 우리는 순간적으로 리허설을 하면서 단기 경청을 하고 그 의미를 해석하며 나아가 순간적으로 통찰력 있는 생각도 하게 된다.

단기 경청을 하여야 하는 순간은 수없이 많다. 단기 경청과 리허설 과정을 이어갈 때 우리는 당연히 주의 집중을 하게 되며, 그러한 과정 역시 순환적이다. 기억하기는 경청과정 모든 단계와 관련이 있으므로 각 단계에서 보다 깊은 이해, 해석과 평가를 위해서도 순환적인 경청을 하여야 한다. 또한 기억하기는 장기기억에 저장되어 있는 정보들을 회상하여 그것들과 새로운 정보들을 결합하여 또 다른 새로운 생각을 만들어 내는 과정에서도 중요하게 작용한다. 아래 그림은 단기 경청과 단기 경청 리허설을 하는 과정을 표현한 것이다.

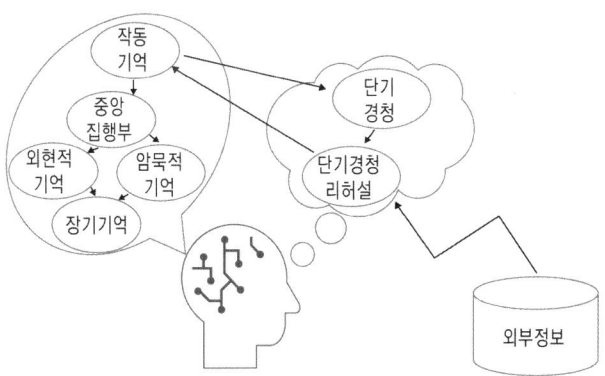

우리는 기억을 잘하기 위한 방법을 평소에 생각해 두고 실천에 옮기는 것이 중요하다. 일단 대화 상대방에게 관심을 가져야 한다. 대화 자체에 관심이 없거나 흥미가 없을 경우 대화에 임하는 태도가 달라진다. 화자 역시 청자와 입장은 같다.

흥미를 가진다는 것은 상대방에게 주의를 잘한다는 의미이고 주의를 잘할 경우 단기기억을 더욱 활성화시켜 오랫동안 기억하게 되거나 그것을 장기기억에 저장하기가 더욱 쉬워진다.

또한 기억을 하고자 하는 의도를 가져야 한다. 우리는 무엇인가 기억하기를 간절히 원할 경우 그 부분이 더욱 쉽게 기억되는 경험을 해 보았을 것이다. 새로운 정보가 기존에 가지고 있던 지식과 잘 결합할수록 우리는 우리가 들은 내용을 더욱 잘 기억할 수 있게 된다.

단기기억은 단시간 저장되고 금방 사라지기 때문에 청자는 이 시간을 더욱 길게 유지하도록 노력하여야 한다. 그러기 위해서 청자는 화자가 말한 단어나 문장을 화자에게 반복함으로써 자신이 말을 듣고 있다는 사실을 확인시켜줌과 동시에 대화에서 중요한 의미를 가지는 말이 단기기억에서 머무는 시간이 길어지도록 하는 것이 좋다.

반응하기

경청과정에서 반응하기 단계는 일종의 피드백 단계이다. 사실 이 단계는 경청과정에서 그동안 생각하고 있던 것들을 직접적 행동으로 표현하는 단계로서 이 단계에서도 언어적·비언어적 반응이 일어난다. 반응은 대화 과정에서 수시로 일어나며 화자가 대화를 마무리한 시점에 일어날 수도 있다. 어떠한 경우이든지 청자의 반응은 화자에게 많은 영향을 미친다. 그것은 즉각적일 수도 있고 서서히 나타날 수도 있으며 언어적일 수도 있고 비언어적일 수도 있다.

언어적 반응과 비언어적 반응의 예를 살펴보면 청자가 나타내는 언어적 반응으로서 '음성'과 관련된 것을 '준언어'라고도 하는데 여기에는 음의 고저, 음성의 조절, 억양, 음의 긴장상태, 음량, 음의 세기, 음의 속도, 음의 품질, 음조, 음의 변화, 웃음, 한숨, 하품 등이 포함된다.

또한 실제 청자가 '말을 하는 과정'에서 나타날 수 있는 언어적 반응에는 반복, 누락, 말실수, 문장교정 및 변화, 잘못된 시작, 문장 불완전, 말 더듬기 및 아, 어, 음~ 등이 있다. 반면 비언어적 반응으로는 얼굴 표정, 눈이나 몸의 움직임, 자세와 제스처, 접촉 등을 예로 들 수 있을 것이다.

청자의 반응은 화자가 말을 할 때 나타내는 반응과 비슷하다. 왜냐하면 청자가 반응을 하는 과정에서는 청자가 화자의 입장이 되기 때문이다. 청자가 대화과정에서 반응을 나타내는 것은 일종의 '피드백'이다. 피드백은 앞서도 이야기했지만 화자의 표현에 대해 그 중간 혹은 후에 청자가 화자에게 보내는 메시지와 관련된다. 그것은 의도적일 수도 있고 무의식적일 수도 한다.

즉, 피드백은 여하한 형태라도 우리의 행동을 나타낸다. 우리가 대화과정에서 어떠한 반응을 나타냈는지를 생각해 보면 알 것이다. 청자는 화자의 말에 동의하거나 동의하지 않거나, 질문을 하거나 하지 않거나 혹은 침묵을 하는 등 어떤 형태로든지 반응을 한다. 이러한 반응은 대화 관계를 더 효과적으로 만들기도 하고 혹은 대화 자체를 중지시키기도 한다.

성공적인 청자는 이러한 피드백의 본질적 성격을 꿰뚫고 있을 뿐만 아니라 효과적으로 피드백을 하는 방법을 이해하고 실생활에 적용한다. 피드백에는 언어뿐만 아니라 우리의 행동도 포함된다. 박수를 치거나 웃음을 터뜨리거나 우는 표정을 짓거나 우리의 마음을 드러내는 것 모두 청자의 반응이다.

평소 자신이 자신을 피드백하는 행동들을 스스로 관찰하여 불필요한 반응이 나타나는 것에 대해서는 분명하게 인지해 둘 필요가 있다. 거울 앞에 서서 자신의 얼굴 표정과 자세 등을 살펴보는 것만으로도 간단하게 본인의 반응패턴을 알아낼 수 있다.

경청과정에서의 반응은 직접적인 반응과 간접적인 반응으로 각각 나타난다. 직접적인 반응은 화자에게 직접적인 영향을 준다.

또한 긍정적인 반응은 화자를 지지하는 것으로 보고 부정적으로 반응하는 경우에는 화자를 부정하는 것으로 본다. 그러므로 만약 청자가 화자에게 반응을 보여야 할 경우라면 직접적이면서도 긍정적인 반응을 보이는 것이 가장 바람직하다.

아래 그림은 화자와 청자가 같은 생각을 하고 긍정적인 피드백을 하는 것을 나타낸 것이다. 화자와 청자가 나무와 꽃에 대해 이야기를 하면서 두 가지 생각을 결합하여 집에 대한 대화를 하는 것은 서로 긍정적으로 생각하는 것으로 나타난다.

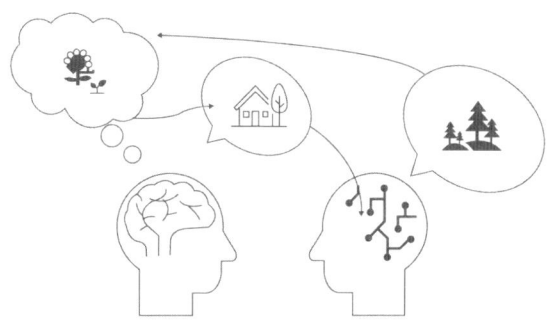

상호 대화는 정보를 공유하는 행위이다. 이러한 행위에서 화자나 청자가 정보를 충분하게 제공하지 못하거나 혹은 청자가 정보를 왜곡하여 듣는다면 대화가 어려워질 수 있다. 그러면 어떻게 해야 효과적으로 반응을 나타낼 수 있을까? 우선 지금 현재에 집중하여 피드백을 하는 것이 중요하다.

만약에 청자가 화자의 '지금 현재' 하는 말에 대해 반응을 하지 않고 기존에 존재하던 화자와 본인과의 다양한 관계를 전제로 반응을 하는 경우 화자는 청자의 반응에 대해 이해를 하지 못할 것이다. 그러므로 청자는 지금 화자가 하고 있는 말의 주제를 파악하고 핵심을 요약하며, 가능하다면 화자가 사용했던 단어들을 사용하여 본인이 들었던 중요 내용을 반복하여 언급해 주는 것이 좋다.

다시 말해, 요약을 할 경우 청자는 화자로 하여금 청자 역시 대화를 하고 있었고 경청하고 있었다는 것을 인식하도록 하여야 한다. 청자가 그들의 대화를 이해하고 있다는 것을 화자가 알게 하는 것은 매우 중요하다. 요약은 화자와의 대화를 한층 더 효과적으로 만들어 준다.

화자는 말을 하는 도중에도 청자가 자신이 하는 말을 잘 듣고 있는지 혹은 잘 이해하고 있는지에 대해 끊임없이 살피는 경향이 있다. 청자 역시 자신이 하는 피드백이 적절한지에 대해 화자의 반응을 살핀다. 이러한 과정은 대화의 기간 동안 지속적으로 이루어지며 대화 과정에서 청자와 화자는 역할을 바꾸면서 대화를 진행한다. 따라서 대화 진행에 대한 책임은 화자보다는 청자에게 있다. 화자의 말에 대한 청자의 세심한 반응은 우리가 상상하는 것보다 화자에게 더 큰 반향을 일으킨다. 청자 자신이 깊이 생각하지 않고 무심코 하는 반응들이 화자에게는 크게 작용할 수 있는 것이다.

그러므로 청자는 자신이 화자의 말을 들으면서 나타내는 작은 반응들이 화자에게 어떠한 영향을 줄 것인지를 이해하는 것이 중요하다.

청자는 화자와 대화할 경우 화자가 자신과 어떤 상황에서 대화를 하는지를 인지하여야 한다. 또한 자신의 현재 상황도 객관적으로 파악하여야 한다. 자신 역시 화자의 말을 충분히 들어주기 어려운 상황이라면 화자에게 양해를 구하고 다음에 대화를 하는 것이 현명하기 때문이다.

우리는 자기 자신에 대하여 많은 생각을 하고 산다. 그러한 이유로 우리는 다른 사람의 말을 듣기에 앞서 우리 자신의 문제에 골몰하기 바쁘다. 이런 상황에서 우리가 만나는 사람들의 말을 잘 듣고 적절하게 반응하지 않는다면 대화의 질적인 측면을 높이지 못할 것이다. 물론 선천적으로 다른 사람의 말을 잘 들어주면서 적절한 피드백을 하는 사람도 있다. 하지만 대부분의 사람들은 그렇지 못하다.

따라서 우리는 다른 사람의 말을 잘 들으면서 동시에 적절하게 반응하고 피드백하는 것에 대한 방법을 학습하여야 한다. 그리고 일상적으로 꾸준히 그것을 실천하여 우리의 자연스러운 행동으로 나타나도록 하여야 한다. 대인관계에서 누군가를 나와 친한 관계로 발전시키기 위해서는 오랜 시간이 필요하지만 그 관계를 악화시키는 데에는 그다지 많은 시간이 필요하지 않다는 것을 이해하여야 한다.

경청의 과정 제한성

지금까지 경청과정의 각 단계의 내용과 의미를 알아보았다. 경청의 과정에 영향을 주는 요소는 다양하다. 이러한 요소들에 의하여 경청과정 각 단계가 왜곡되어 나타나기도 한다. 그러므로 효과적인 경청을 위해서는 경청과정에 제한을 주는 요소들을 파악하고 이해하여야 하며 상황에 따라서는 관리를 하여야 한다. 경청의 과정에서 제약요인으로 작용하는 것에는 시간, 장소, 상황, 성격 및 관계 등이 있다. 경청의 과정 제한성은 경청의 행동에서 다소 깊게 설명되므로 여기에서는 이러한 요인들에 대해 간략하게 알아보고자 한다.

시간 |

대화에 있어 '시간'은 매우 중요한 요인으로 작용한다.

예컨대 피곤한 상태에서 우리 몸은 우리를 지키기 위하여 방어모드로 들어간다. 경청은 '주의 깊게 듣는 것'이므로 에너지가 고갈된 상태에서는 우리가 아무리 노력을 해도 잘 들을 수가 없다.

따라서 우리는 대화의 시간 선택을 잘하여야 한다. 식사 직후에는 피로감을 느끼기가 쉽기 때문에 경청에 집중하기가 어렵고 외부 일정이 있어 곧 외출을 하고자 하는 경우에도 차분하게 경청하기가 어려울 것이다.

또한 자신에게 시간적 여유가 있다고 하여도 상대방은 바쁜 상황일지도 모르는 것이므로 대화 전에 "지금 시간이 괜찮으신가요?", "대화할 시간이 있으세요?" 등 먼저 질문하여 상대방의 시간적 상황을 파악하는 것이 중요하다.

전화통화 같이 비대면으로 소통하는 경우 서로가 각자의 시간적 상황을 알 수 없으므로 특별히 이러한 질문이 더 요구된다고 할 수 있다. 요즈음처럼 SNS가 발달한 시대에는 이를 통하여 사전에 문자나 메시지 등을 남겨두고 상대방이 시간적인 여유가 있을 때 연락을 부탁하는 것도 좋은 방법이다.

그리고 이와는 별개로 자신이 편안하게 경청을 할 수 있는 시간대가 어느 때인지를 파악해 두도록 한다. 이는 일관된 자신의 경청태도를 유지해야 할 때나 적절한 경청과정을 적용해야 할 때 도움을 줄 것이다.

장소 |

　장소 역시 경청 측면에서는 중요한 요인이다. 시끄러운 장소에서는 대화 자체가 어려울 것이다. 조용한 장소에서는 말하는 사람도 조용히 이야기를 할 수 있고 듣는 사람도 주의집중이 수월하다. 특히 경청을 하는 데 불필요한 에너지 낭비를 하지 않을 수 있다.

　즉, 조용한 장소에서는 말하는 사람이나 듣는 사람 모두 에너지 낭비가 없기 때문에 대화의 시간을 길게 가지고 가면서도 모두 효과적인 대화를 할 수 있다. 자신이 급한 성격이라면 조용한 장소를 선택하여 대화해 보자. 급한 성격을 보다 차분하게 조절하면서 경청을 잘할 수 있을 것이다.

상황 |

　효과적인 경청을 위해서는 상황을 통제힐 줄 알아야 한다. 이때 자신이 경청하는 상황도 중요하지만 상대방이 말하는 상황도 중요하다.

　만약 상대방이 어렵게 대화 시간을 가지게 되어 대화를 하게 된 경우라면 상대방은 긴장하기 쉽기 때문에 청자는 최대한 상대방을 배려하여야 한다. 이때 청자는 화자의 상황을 인식하여 편안하게 해 주고 그가 전하고자 했던 말을 온전히 잘 전달할 수 있도록 하는 것이 중요하다. 화자가 편하여야 청자도 차분하게 화자의 말을 듣고 경청과정의 각 단계를 적용시킬 수 있기 때문이다.

만약 자신이 잘 듣지 못하는 상황이 된 경우라면 억지로 경청을 할 것이 아니라 상대방에게 현재 자신이 처한 상황을 설명하고 다음에 다시 시간을 갖는 것을 추천한다. 우리의 상황은 시시각각 변화한다. 나뿐만 아니라 모두의 상황은 변한다. 그러므로 우리는 내 자신이 놓인 대화 상황만을 파악하는 것이 아닌 상대방에 대한 상황 파악 역시 중요하다는 점을 인식하고 병행하여야 한다.

성격 |

성격은 경청에 영향을 미치는 가장 기본적인 요소이다. 말하는 사람의 성격에 따라서 똑같은 말을 전달하는 경우에도 대화가 다양하게 전개될 수 있고 청자 역시 본인 성격에 따라 다른 관점에서 듣고 해석하고 반응한다.

즉, 말하는 사람과 듣는 사람의 성격에 따라 서로 중요하게 생각하는 것이 다르고, 전달하고 받아들이고자 하는 내용에 차이가 생긴다. 또한 말하는 사람은 듣는 사람의 성격에 기반하는 반응에 따라 대화의 전개를 다르게 가져갈 수도 있다.

관계 |

관계는 경청과정을 제한시키는 요인이다. 예컨대 자신이 대화하는 사람과 친한 경우 우리는 자신도 모르게 긴장감을 가지지 않거나 주의집중을 하지 않기도 한다. 이것은 친숙한 관계에서만 가질 수 있는 이점이기도 하지만 정작 중요한 상황에서 대화의 핵심을 놓칠 수 있다는 문제점도 있다. 또한 상대방의 상황이 자신과 아주 다를 경우 서로 다른 관계 및 입장으로 인하여 적절하게 듣지 못할 수가 있다. 반대로 생각하면 상대방과의 관계적 요인들을 적절하게 활용한다면 이를 통해 대화의 질을 높일 수도 있다.

이외에도 경청과정에 영향을 주는 요소는 다양하다. 그러므로 경청과정에서 제약요인으로 작용하는 것을 적절하게 통제하거나 관리하는 것이 매우 중요하다. 앞서도 말했듯이 우리는 다양한 노이즈에 둘러싸여 있고 시간, 장소, 상황, 성격 및 관계 등 경청과정을 제한하는 요인들도 가지고 있다.

우리가 효과적으로 경청을 하는 것은 일종의 경청이 제한되는 상황에서 합리적으로 경청을 하고자 노력을 하는 것이라고 생각한다. 그러므로 우리가 경청을 하고, 그 과정에서 경청의 과정 단계들을 효과적으로 적용하기 위해서는 '제한적 합리성'이라는 관점에서 경청을 한다는 생각을 하여야 한다.

경청의 과정 활용

경청과정은 각각의 단계가 독립적으로 작용하기도 하지만 상황에 따라서 2~3개 단계가 상호 밀접하게 연결되어 경청과정을 수행하기도 한다. 따라서 경청과정은 전체 경청과정이라는 흐름 속에서 이해되고 활용되어야 한다. 왜냐하면 전체 대화에서의 경청과정은 의미의 흐름이기 때문이다. 우리는 단일한 방향에서의 경청보다는 순환적인 경청을 추구하여야 하고 한편으로는 각 단계들의 특징들을 파악하고 주의를 기울이면서 전체를 봐야 한다. 이것은 나무를 보면서 동시에 숲을 보는 것과 유사하다.

경청과정의 각 단계별 구성요소들은 내면적으로는 각각 나름대로 흐름의 연속성을 가지고 있다고 이해하여야 한다. 예를 들면 상대방이 대화 과정에서 빈번하게 손동작 등 비언어적인 표현을 사용하는 경우, 그 비언어적 표현이 특정 상황에서 한 번이 아닌 유사한 행동에서 자주 나타나는 것일 경우 그것은 하나의 흐름이라고 생각할 수 있다.

이 경우 먼저 한 비언어적인 행동이 나중에 한 비언어적인 행동과 꼭 같다고 할 수는 없다. 면밀히 관찰을 하면 유사한 행동일 수는 있으나 대화 과정에서 보면 다른 의미를 내포하고 있을 수도 있기 때문이다. 그러므로 청자는 화자의 비언어적인 표현의 의미를 전체적인 맥락에서 파악하고자 노력하여야 한다.

경청과정은 상황에 따라 수시로 변화하여 적용하여야 한다. 경청과정의 각 단계별 구성요소가 순서대로 나열은 되어 있지만 그것이 곧 그 순서대로 균등하게 진행된다는 것을 의미하는 것은 아니다. 경우에 따라 청자는 본인이 생각하는 중요도를 기준으로 경청과정 각 단계의 순서를 바꿀 수 있다.

예컨대 비언어적인 표현이 많이 나타나는 대화였다면 청자는 비언어적인 해석에 비중을 많이 두고 다른 구성 요소들의 비중을 약하게 하여 그 과정에 대한 의미를 축소시킬 수 있다. 비판적 경청에서 경청과정 중 평가에 대해 보다 깊이 있게 고려하고 다른 요소들은 가볍게 다루도록 하는 것도 하나의 예가 될 것이다.

이렇듯 경청과정을 전체적인 관점에서 생각한다면 대화의 흐름 속에서 경청과정 전체가 완료된 다음에 나타나는 또 다른 경청과정은 그 자체가 전체의 한 부분으로서 간주되어지며 앞에서의 경청과정에서 나타난 의미와는 또 다른 의미를 나타냄을 이해하도록 하자.

경청과정은 끊임없는 순환과정이다. 다음 그림은 경청과정이 순환 구조를 가지고 있으며 이 과정을 통하여 새로운 생각을 탄생시킬 수 있다는 것을 나타낸 것이다.

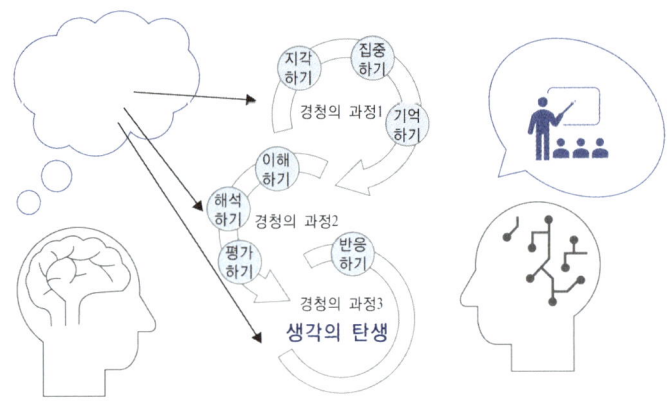

일상생활의 모든 대화에서 매번 경청과정을 인식하여 생활할 필요는 없을 것이다. 그러나 특정 상황에서는 체계적인 경청과정을 통하여 문제나 갈등을 해결할 수 있다. 학습이나 기억과 관련하여 체계적인 경청과정을 이해한다면 도움이 될 것이다.

경청과정은 다양한 상황에서 활용이 가능하지만 여기에서는 기본적으로 경청목적에 따른 활용과 학습과 기억에서의 활용, 그리고 조직과 리더십에서의 활용을 살펴보고자 한다.

경청목적에 따른 활용 |

우리는 일상생활에서 별다른 어려움 없이 대화를 하지만 주의 깊은 경청을 하여야 하는 특정 상황에서는 경청의 목적을 이해함이 필요하다. 말하고자 하는 사람 역시 그 상황에서는 자신의 말을 들어주는 사람에 대한 기대치가 있을 것이다. 이러한 상황에서는 경청목적에 대해 먼저 생각하고 이에 맞는 경청을 하여야 한다.

사람을 만나는 경우 단순한 만남인 것인지 혹은 특정 문제 해결을 위해 만나는 것인지 나아가 위로나 상담을 해 주기 위하여 만나는 것인지 등 만남의 목적을 분명하게 한다. 경청목적에 따라 자신이 활용하여야 할 경청과정 단계를 미리 생각할 수 있기 때문이다.

경청목적을 미리 파악하였을 경우 경청과정 단계를 효과적으로 적용할 수 있다. 문제 해결이나 의사결정 등을 위한 경청일 경우에는 '해석하기'와 '평가하기'가 많은 부분에서 활용되고 경청의 3가지 영역 중에서 인지적인 영역이 더욱 활성화될 것이다.

반면에 의사결정을 적극적으로 하여 행동으로 이어지는 상황이라면 동기적인 영역이 활성화되며, 경청목적이 상담이나 치유를 위한 것이라면 아무래도 '이해하기'에서 공감적 경청 부분이 많이 적용될 것이고 경청의 3가지 영역 중에서 정서적인 측면이 더욱 활성화될 것이다. 물론 이러한 상황에서도 경청과정의 다른 단계들 모두 어느 정도는 활성화되며 특히 중점적으로 활성화되는 단계에 보조적인 지원을 하게 된다.

경청목적에 따른 경청과정 적용은 순차적인 것이 아니라 다차원적·동시적인 성격을 띤다. 그리고 그것은 순환적이다. 즉, 경청목적에 따른 단계를 선택하여 그 단계에서 보다 많은 경청에너지를 투입한다 하더라도 다른 단계들도 약하게나마 상호 활용을 하여야 한다.

경청 역시 하나의 역량이자 기술이므로 일정한 훈련이 필요하다. 다양한 사람들을 만나기 전 미리 만남의 목적을 생각하고 그 상황에서 자신이 적용해 볼 경청과정의 단계를 생각하여 적용해 본다면 좋은 경험이 될 것이다.

학습과 기억에서의 활용 |

경청과정은 학습과 기억에도 적용이 가능하다. 학습에서 경청과정을 활용하는 예로는 어떠한 것들이 있을까? 우리 모두 학교에서 수업을 듣거나 강의를 들을 때, 특별히 집중하여 들을 경우 학습 효과가 높아짐을 느껴보았을 것이다. 그것은 우리가 정보를 받아들일 때 주의집중을 하여 정보 인식을 강하게 하는 경우 그것이 단기 기억에 영향을 미치기 때문이고 경청과정에서 그 정보들을 반복적으로 생각하면서 경청흐름을 이어갈 때 그 정보들이 장기 기억으로 넘어가는 확률이 높아지기 때문이다.

학습한 내용들이 장기기억에 저장될 경우 그것은 기억 회상을 통해 기존의 학습경험과 결합하여 우리의 학습능력을 높여준다.

우리가 학습하는 과정에서 특정 내용을 지속적·반복적으로 학습할 경우 이는 하나의 '습관'이 될 수 있는데 이에 따라 나중에는 적은 노력만으로도 관련 내용을 이해하고 통합하는 학습 능력 역시 높일 수 있다. 헐Hull은 학습곡선이라는 개념을 통하여 '습관 강도의 획득과 계속적 강화와의 관계'를 설명한 바 있다.[19]

학습에서 습관적으로 경청과정을 활용하는 경우 경청과정의 다양한 단계를 통하여 지식의 통합이 일어나고 그 과정에서 새로운 생각이 탄생한다는 것이다.

학습 시 경청과정을 활용하지 못하는 경우에 청자는 화자가 하는 말에 대해 이해하기 어렵다. 반면에 경청과정을 이해하고 활용하여 학습하는 순간에는 주의 깊은 경청을 하면서 이해도 높아지고 기억과는 연계되므로 학습에서의 경청은 기억과도 밀접한 관련이 있다고 할 수 있다.

경청으로 기억을 향상시키는 방법 중 하나는 들으면서 화자가 말한 내용을 이미지로 상상해 보는 것이다. 화자가 단순하게 말만을 한다고 하더라도 우리는 화자의 말을 들으면서 동시에 화자의 얼굴 표정, 손동작, 몸짓 등 비언어적인 요소들을 인지하고 말로 전달되는 언어적 요소들과의 관계를 파악한다. 이 과정에서 우리가 화자가 말한 내용과 표현되는 동작의 의미를 이미지화할 수 있다면 비록 단기간이지만 기억력을 향상시킬 수 있다.

물론 그렇게 형성된 이미지는 고정되어 있는 것은 아니어서 대화가 진행되는 동안 그 이미지는 수시로 보정되고 수정된다. 경청 과정에서 기억력을 향상시키는 방법은 들으면서 특정 단어에 대해 특정 색상을 입히는 것이다. 모든 단어에 색상을 입힐 필요는 없고 중요하다고 생각하는 단어 또는 나중에 기억하기 위한 특정 단어에만 색상을 입혀보도록 하자.

예를 들어 화자가 몇 번이나 강조한 단어에는 노란색을, 화자의 감정을 나타내는 특정한 단어에는 빨간색을 입힌다. 그러면 청자의 눈앞에 노란색과 빨간색을 입힌 단어들이 나타났다 사라짐을 반복할 것이다. 이에 따라 청자는 그 특정 단어가 몇 번이나 나타났다가 사라졌는지를 인식할 수 있고 화자가 그 단어들을 반복적으로 사용하는 의미를 파악하기 쉬울 뿐만 아니라 나중에도 기억을 회상할 수 있다. 이렇듯 학습과 기억은 매우 연계성이 높다. 경청과정을 활용하면서 학습 효과를 높이고 그것이 다시 기억 향상을 가져온다는 것은 매우 의미가 있다고 본다.

도널드 올딩 헵Donald Olding Hebb은 감각경험을 우리 뇌에서 자극을 보다 오래 지속시키는 신경활동을 일으키는 것으로 가정하고 이러한 신경활동을 우리가 단기기억이라고 부르는 것의 기초로, 그리고 장기기억에 기초가 되는 구조적 변화를 유발하는 과정으로 보며 단기기억이 장기기억으로 바뀐다는 응고화이론consolidation theory을 제기하였다.[20]

이것을 경청과 연결시킨다면 학습에서의 경청과 경청과정은 학습자가 받아들이는 일종의 외부 자극이라고 할 수 있다. 이 외부 자극들에 주의집중하여 선명하게 받아들일 경우 뇌에 미치는 자극효과는 보다 강해진다. 이를 지속적으로 반복 경청하고 경청과정의 각 단계들을 상호 작용하여 학습한다면 학습효과는 더욱 높아질 것이며 장기기억으로 가는 응고화 현상 역시 더욱 강화될 것이다.

조직과 리더십에서 활용 |

경청의 리더는 경청과 질문으로 사람들을 대하며 사람들에 대한 관심과 배려, 호기심을 가지고 있다. 경청의 리더는 단지 주의깊게 듣는 것의 범위를 넘어서는 경청을 한다.

경청의 리더는 조직이 처한 상황에 따라 적절한 경청과정을 활용할 수 있다. 경청의 리더가 적절한 경청과정을 활용할 경우 그것은 공유된 리더십과 개인적인 성장을 가져오고 균형을 가져온다.

경청의 리더는 자신이 속한 공동체에 변화의 토양을 만든다. 그들은 다양한 개개인의 소리를 들으면서 서로를 지지해 주는 신뢰의 분위기를 형성하는데 그러한 분위기에서 서로를 존중하는 문화 또한 함께 형성된다.

조직문화에서의 경청은 변화를 일으키는 원동력이다.

경청은 우리의 관심을 외부로 돌리기보다는 내부로 향하게 하고 우리 자신의 핵심 가치들을 생각해 보게 한다. 경청은 우리가 직면하고 있는 문제들을 명확하게 보게 해 준다.

조직에서의 리더가 경청에 대한 이해가 깊고 경청문화를 창조한다면 그 조직은 높은 성과를 달성할 것이다. 조직에서는 직무마다 필요한 역량이 있고 조직 구성원의 그 역량을 최대한 활용하기 위해 가장 기본이 되는 것이 경청이다.

즉, 경청과정에 대한 체계적인 이해를 통하여 조직 구성원 각 개인이 경청과정을 적절하게 활용하면서 정보처리 및 공감 확대 그리고 적절한 피드백을 수행한다면 조직은 활성화될 것이고 이는 곧 높은 성과로 나타날 것이다.

제 3 장

경청의 행동

경청의 행동 개념

우리는 다른 사람이 말하는 것을 경청하면서도 상대방의 말을 있는 그대로 받아들이지 못한다. 그 이유는 우리의 성격, 사람을 대하는 태도 등이 경청에 영향을 주기 때문이다. 한편으로는 말하는 사람 역시 경청하는 사람, 즉 청자의 태도와 행동을 통해 청자가 경청을 잘하는지 아닌지에 대하여 판단을 한다.

청자는 자신의 경청하는 태도나 행동이 말하는 사람에게 많은 영향을 준다는 사실을 잘 모르고 있다. 경청과정은 우리의 내적인 과정에서 이루어지지만 경청태도나 행동은 청자가 자기자신이 경청을 어떻게 하는지를 외부로 나타내는 것이다. 이것은 경청과정의 반응 단계와도 관련이 있다. 경청과정에서 반응 단계는 수시로 나타나는데 이와 함께 경청태도나 행동 역시 수시로 나타나게 된다.

대화 과정에서 화자나 청자 모두 눈으로 확인할 수 있는 것은 외부로 나타나는 말하고 듣는 태도나 행동일 것이다. 그러므로 화자의 태도나 행동이 청자에게 영향을 미치듯이 청자의 태도나 행동 역시 화자에게 영향을 미친다.

그렇다면 다음과 같은 의문이 생길 수 있다. 왜 어떤 사람은 효과적인 청자로 인정받고 어떤 사람은 그렇지 못한가?

이 문제는 오랫동안 제기되어 왔던 질문이다. 또한 어떤 사람이 효과적으로 경청을 할 수 있는가? 하는 문제 역시 관심이 되어 왔다. 앞에서의 경청과정을 잘 이해하였다고 하더라도 실제 경청 상황에서는 효과적으로 경청을 할 수 없는 경우가 많은데 그 이유는 경청과정 자체가 복잡한 과정이며 대화에 영향을 미치는 다양한 요소들이 있기 때문이다. 특히 화자에게 영향을 미치는 청자의 경청태도나 행동이 효과적인 대화를 어렵게 만들기도 하는데 이렇게 화자에게 영향을 미치는 청자의 경청태도 또는 행동을 청자가 가진 독특한 경청유형이라고 하며 청자의 경청유형은 청자의 경청행동을 결정짓는 하나의 요인이 된다. 이렇듯 경청유형은 경청태도나 행동을 구성하는 중요한 요인이므로 경청유형을 이해하는 것이 곧 경청의 행동을 이해하는 것이 될 것이다.

경청의 행동과 경청유형

경청은 말하는 단서를 획득하고 이해하는 하나의 수단이다. 여기에는 주의집중하고 해석하고 기억하고 반응하며 인식하는 것과 대화의 감수성까지도 포함된다. 우리는 자신도 모르게 자신만의 방법으로 경청을 하곤 하는데 이러한 것을 하나의 습관으로 볼 수도 있다. 아마도 우리는 어렸을 때부터 이러한 경청태도나 행동인 경청 습관을 가져왔고 그것이 개개인의 성격 중 한 일부를 형성한 것일 수도 있다. 그렇기 때문에 어떤 사람에게는 다른 사람의 말과 정보를 듣는 것이 그다지 어렵게 느껴지지 않는 반면 어떤 사람에게 그것은 매우 어려운 일이다. 어떤 사람은 다른 사람의 말을 끝까지 다 듣기 전에 중간에 말을 끊고 자신의 이야기를 하는가 하면 또 어떤 사람은 침착하게 다른 사람의 말을 듣고 나서야 말을 한다.

어떤 사람은 사실적인 정보나 통계적인 정보를 듣기 좋아하는가 하면 다른 사람은 개인적인 예를 들거나 서술하는 것을 더 좋아하기도 한다. 이러한 과정에서 정보를 받아들이는 방식과 그 정보를 바탕으로 의사결정을 하는 태도나 행동이 다를 수 있다. 이렇게 개인들은 전화 혹은 면 대 면, 메시지 형태, 구조, 장소 그리고 사건들에 대한 인식과 태도에서 좋아하는 방식 즉, 선호가 각기 다르다고 할 수 있다. 사람들은 다른 환경에서 경청행위를 할 경우 자신이 지금껏 습관적으로 취해 온 편안한 패턴에 의존하는 경향이 있는데 듣는 사람이 말하는 사람과의 대화 과정에서 자신이 좋아하는 방식으로 정보를 받아들이고 그러한 태도나 행동을 외부로 나타내는 것을 '경청유형'이라 한다.

왓손Kittie W. Watson 등은 경청유형은 사람들이 대화 상대방에게 어떻게 집중하여야 하는지에 대한 무의식적인 접근과 호의적인 접

근 형식을 의미한다고 하였으며 이러한 것은 자신이 선호하는 듣는 행위에 기초한다고 하였다.[21]

우리는 알게 모르게 대화에 영향을 미칠지도 모르는 경청유형을 가지고 있는 것이다. 이러한 경청유형은 오랫동안 습관적으로 사용함으로써 자신의 내면에 자리 잡게 되었고 자신도 모르는 사이에 실행되어 왔으며 시간이 지남에 따라 강화되어 왔기 때문에 경청유형에 따른 경청행동들은 우리가 경청을 하는 데 많은 영향을 미치는 요인으로 작용한다.

경청유형은 상황에 따라 다양하게 나타난다. 말하는 '사람'을 좋아하면서 편하게 듣는지, '일이나 업무'에 대해 더 중점적으로 듣는지, 들을 때 정보의 '내용'을 중시하고 그 내용을 분석하는 것을 좋아하는지 혹은 전체적으로 '비판적인 시각'을 가지고 듣는 것을 선호하는지에 따라 경청태도나 행동이 다르게 나타나며 들을 때 '시간'을 정해서 빨리 듣기를 원하는지, 말하는 사람의 입장에서 당시의 '환경이나 감정' 등을 고려하여 듣는 것을 좋아하는지에 따라서도 다르게 표출된다.

앞서 이야기한 바와 같이 경청유형은 전달되어 오는 메시지나 정보들을 청자가 어떻게 받아들이는가에 대한 태도 및 행동을 나타낸다. 경청이 인지적, 정서적, 동기적인 요인을 가지고 있고 이러한 요인들이 경청과정에서 청자의 심리적인 측면에 많은 영향을 미치는 것이라면 경청행동에서는 그러한 요인들이 특정한 경청유형으로서 외부로 나타나며 화자에게 전달이 되는 것이다.

이와 같은 경청 상황을 고려할 경우 경청유형은 관계적, 과업적, 분석적, 비판적, 시간적, 맥락적 경청을 하는 것으로 구분하여 생각할 수 있으며 경청유형은 다음과 같은 특징이 있다.

관계지향 경청유형을 선호하는 사람은 다른 사람과의 '관계'에 대한 관심이 우선이며 말하는 사람과의 관계에 직접적으로 영향을 받는다. 이런 유형의 사람은 화자가 친밀한 관계인 경우 그 사람을 호의적으로 생각하며 관계적 측면을 우선적으로 고려하여 정보를 받아들이는 경향이 있다. 관계지향 경청유형은 사람과의 관계에 초점을 맞추고 공감을 표시하거나 상호 작용에 대해 많은 노력을 하는 것으로 보인다.

과업지향 경청유형을 선호하는 사람은 사람보다 업무에 대한 관심을 우선적으로 나타내며 듣는 것을 선호한다. 이러한 측면에서 과업지향 경청유형을 가진 사람은 과업이나 업무에 초점을 맞추어 구체적으로 행동하거나 조치를 취하고자 하며 업무 성과에 많은 관심을 가진다.

분석지향 경청을 선호하는 사람은 외부 정보를 수신할 때 내용적인 부분에 더 초점을 맞추는 경향이 있으며 정보를 수신하는 데 있어 내용적으로 상세하고 철저한 정보를 더 높이 평가한다. 그러므로 분석지향 경청을 선호하는 사람은 의사결정을 위해 분석적이면서 디테일한 접근을 취하고 내용을 파악하기 위하여 말하는 상대방에게 많은 질문을 한다.

비판지향 경청을 선호하는 사람은 듣는 내용에 대해 옳고 그름을 우선적으로 가려내려고 노력한다. 말하는 사람이 전달하고자 하는 사항을 이성적·의식적으로 살펴보면서 전체적으로 타당성에 대해 판단을 하며 이러한 성향을 가지고 경청하는 사람은 종합적이며 추론적이고 대안적인 사고에 초점을 맞추는 경향이 있다.

시간지향 경청을 선호하는 사람은 시간을 효과적으로 사용하여야 한다는 생각을 하고 있다. 이들은 경청에 투자하고자 하는 시간의 양을 정확하게 진술하고 혹은 그 사실을 화자에게 알리기 위하여 비언어적 단서를 사용하기도 한다. 가령, 대화를 하는 동안 시계를 흘낏 쳐다보는 등 시간에 대한 관심을 다른 사람의 판단에 적용하는 것이다.

맥락지향 경청을 선호하는 사람은 화자가 놓인, 그리고 말한 내용이 놓인 전체적인 환경과 상황을 우선적으로 고려함과 동시에 말하는 사람의 감정까지도 고려한다. 이들은 말하는 사람에게 영향을 미치는 상황의 세부적인 요인들을 생각하고 또한 말하는 사람의 감정의 이면들까지도 고려하여 듣는 것에 초점을 맞추는 경향이 있다.

경청유형은 외부로 드러나는 경청태도나 행동이므로 이는 화자에게 많은 영향을 미친다. 우리가 일상생활에서 대화하는 상황은 이러한 경청유형에 따라 경청을 하고 있는 것이다. 경청을 학습하면서 이러한 경청유형을 이해하고 활용한다면 더욱 효과적인 경청을 할 수 있으며 화자에게도 좋은 영향을 미칠 것이다.

경청유형의 종류

경청유형은 그 유형이 나타나는 상황과 특징, 그리고 장단점이 있다는 것을 이해할 필요가 있다. 여기에서는 각각의 경청유형이 나타나는 상황, 특징, 장단점에 대해 살펴보고자 한다. 경청유형은 상황에 따라 다르게 나타날 뿐만 아니라 경청유형을 이해함으로써 효과적으로 경청을 할 수 있는 다양한 방법도 생각할 수 있으므로 기본적으로 경청유형을 이해하는 것이 선행되어야 한다.

관계지향 경청유형

관계지향 경청유형은 다음과 같은 상황에서 나타난다.
- 사람에 대하여 친밀감을 지니고 있을 경우
- 사람에 대하여 관심이 많고 말하는 사람과의 관계를 지속시키고 싶을 때
- 주로 비공식적이거나 친밀한 상황
- 사람과의 관계를 중요시할 경우

관계지향 경청유형은 다음과 같은 특징을 가지고 있다.

- 기본적으로 말하는 사람과의 친밀관계를 생각해 본다.
- 관계를 위하여 우선적으로 화자의 기분과 감정을 고려한다.
- 얼굴에 감정 표현이 다양하게 나타나고 억양 또한 다양하다.
- 대화하면서 시선을 자주 마주친다.
- 경청이 다른 사람과의 관계에 영향을 미치는지에 대해 관심을 가지고 있다.
- 경청을 통하여 관계를 개선하고자 노력한다.
- 경청하는 동안 눈을 마주 보거나 미소를 짓거나 고개를 끄덕인다.
- 책상이나 벽에 개인적인 사진이나 사람들과 함께한 사진들이 있다.
- 인간관계나 가치를 포함하는 이야기를 하거나 사진이나 그림을 보여 준다.
- '나'보다는 '우리'라는 단어를 사용하여 친숙한 관계를 나타내고자 한다.
- 대화 과정에서 성보다는 이름을 부르면서 친숙함을 표현하기를 좋아한다.

관계지향 경청유형은 다음과 같은 장점을 가지고 있다.

- 경청하면서 사람에게 초점을 맞추기 때문에 배려받는다는 느낌을 준다.
- 기본적으로 말하는 사람에게 관심을 많이 표현하는 편이다.
- 사람과의 관계에서 애정을 가지고 대화를 한다.
- 다른 사람들이 개인적인 문제나 위기에 직면하였을 때 이 사람을 찾는다
- 대화할 때 유언·무언의 피드백을 적절하게 표현한다.
- 대화의 분위기를 잘 파악하면서 관계를 증진시킨다.

관계지향 경청유형은 다음과 같은 단점을 가지고 있다.

- 상대방에 대한 친밀감 여부에 따라 대화를 구분하는 편이다.
- 대화하는 사람들에게 개방되어 있고 지나치게 다른 사람에게 관여하게 된다.
- 사람관계에 집중하다 보면 어느 순간에 듣는 목적을 잊어버리기 쉽다.
- 사람과의 관계에 집중하므로 말하는 사람의 잘못이나 약점을 잘 보지 못한다.
- 대화 과정에서 말하는 사람에게 감정을 내면화하거나 동화되기 쉽다.

과업지향 경청유형

과업지향 경청유형은 다음과 같은 상황에서 나타난다.
- 관계보다는 업무가 주가 되는 공식적인 상황일 때
- 제한된 여건에서 과업에 대해 의사결정을 하거나 문제를 해결할 때
- 중요한 과업을 진행하여 신속하게 처리를 하여야 할 경우
- 기타 기본적으로 과업에 대한 관심이 많고 성과를 중요시할 경우

과업지향 경청유형은 다음과 같은 특징을 가지고 있다.
- 기본적으로 말하는 사람이 추진하여야 하는 과업을 생각한다.
- 자신이 관심 있는 과업에 대해 이야기할 경우 적극적으로 경청한다.
- 즉각적으로 과업을 행동으로 취하는 것에 관심이 많다.
- 정확하고 질서 있는 발표를 선호한다.
- 말하는 사람이 성과를 우선적으로 생각하는지에 대하여 관심이 많다.
- 말하는 사람이 전하려는 내용이 간단하기를 원한다.
- 빙빙 돌리지 않고 바로 과업 이야기에 들어간다.
- 경청하는 동안 과업에 대해 골똘히 생각하는 시간을 많이 가진다.
- 책상이나 벽에 업무적인 서류가 많이 놓여 있다.

과업지향 경청유형은 다음과 같은 장점을 가지고 있다.
- 과업에 집중하므로 대화 시 문제의 본질에 빠르게 도달한다.
- 대화 시 과업의 목표와 관련된 사항에 대해 명확한 피드백을 준다.
- 업무추진이 필요한 상황에서 대화 시 해야 할 과업에 에너지를 집중한다.

- 경청하는 동안 당장 수행하여야 할 임무를 이해하는 데에 초점을 둔다.
- 여러 사람이 대화를 할 경우 다른 사람이 과업에 집중하도록 한다.
- 말하는 사람이 구조적이고 간결하게 말하도록 돕는다.
- 대화의 내용 속에 과업과 관련된 모순을 잘 파악한다.
- 과업을 수행하는 행동을 신속하게 하도록 한다.

과업지향 경청유형은 다음과 같은 단점을 가지고 있다.
- 사람보다는 과업에 집중하므로 감정적인 문제를 과소평가한다.
- 과업에 대해 생각하는 시간이 많으므로 다른 이야기에는 쉽게 산만해진다.
- 의사결정이나 성과를 내기 위하여 움직이거나 미리 앞질러 판단한다.
- 말하는 사람이 과업 준비를 잘 하지 못할 경우 쉽게 혼란에 빠지기 쉽다.
- 성과에 관심을 가지고 있으므로 인간적인 관계를 중시하지 않는다.
- 피드백을 해 줄 때 과업에 집중하므로 관계 형성을 원만하게 하지 못한다.

분석지향 경청유형

분석지향 경청유형은 다음과 같은 상황에서 나타난다.
- 대화의 내용이 전문적이라고 생각할 때
- 문제해결이나 대안을 탐색적으로 진행할 경우
- 대화 내용이나 말하는 주제 자체에 관심이 있을 때

분석지향 경청유형은 다음과 같은 특징을 가지고 있다.
- 대화 시 무엇인가를 생각하듯 얼굴표정이 심각하다.
- 이야기를 들으면서 세밀한 분석을 하느라 자주 위를 쳐다본다.
- 책상 위나 근처에 데이터 관련 전문서적들이 놓여 있다.
- 책상 위에 컴퓨터가 항상 켜져 있다.
- 전문가로부터 듣는 것이나 신뢰할 만한 자료를 선호한다.
- 대화 시 자료나 차트, 그래프 등을 선호한다.

분석지향 경청유형은 다음과 같은 장점을 가지고 있다.
- 경청 시 관심은 대화 내용에 있다.
- 대화가 도전적이며 복잡한 정보를 선호한다.
- 모든 사실을 깊이 평가하기 전까지 판단과 의견의 결정을 보류한다.
- 기술정보를 높이 평가한다.
- 정보가 얼마나 명료한지, 자신이 얼마나 이해했는지를 점검한다.
- 다른 사람들이 자신의 생각에 대한 근거를 제시하는지를 확인한다.
- 문제의 모든 측면에 관심을 가진다.
- 사건을 세부적으로 보는 능력을 가지고 있다.

분석지향 경청유형은 다음과 같은 단점을 가지고 있다.
- 지나치게 세부적인 것에 집착한다.
- 모르는 것이 있을 경우 신랄한 질문으로 다른 사람을 위협한다.
- 비기술적 정보를 과소평가한다.
- 지나치게 생각하느라 결정하는 데에 오랜 시간이 걸린다.
- 모든 측면을 세부적으로 보기 때문에 전체를 파악하지 못할 수도 있다.

비판지향 경청유형

비판지향 경청유형은 다음과 같은 상황에서 나타난다.
- 대화의 내용을 종합적으로 보고 옳고 그름을 판단하고자 할 경우
- 화자의 태도나 행동의 정당성을 확인하고자 할 때
- 대화 내용을 성찰적으로 생각하여야 할 때

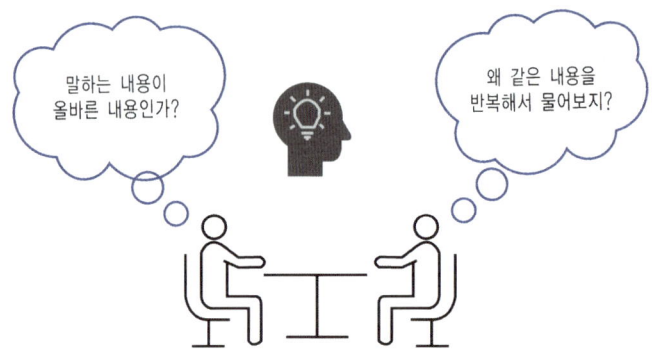

비판지향 경청유형은 다음과 같은 특징을 가지고 있다.
- 대화 시 다양한 관점에서 생각하느라 대화 속도가 느리다.
- 이야기를 들으면서 중간중간 대화 내용의 정당성을 확인한다.
- 중간에 앞서의 대화 내용을 가지고 반복적 대화를 한다.
- 대화 진행을 열정적으로 하면서 종합적으로 정리하고자 한다.
- 논리적으로 대화를 진행하는 경향이 있다.
- 대화를 체계적으로 진행하고자 한다.

비판지향 경청유형은 다음과 같은 장점을 가지고 있다.
- 대화 시 종합적으로 정리하는 능력이 뛰어나다.
- 중간중간 대화의 정당성을 확인하므로 대화의 진행이 올바르다.
- 대화 내용 전체를 생각하고 성찰하여 더 나은 대화를 하고자 한다.
- 대화 과정에서 창의적인 생각을 발견할 수 있다.
- 올바른 판단을 위하여 다른 사람의 의견도 폭넓게 받아들이고자 한다.
- 문제의 종합적인 측면과 결과를 고려하는 편이다.

- 대화 결과 나타난 의사결정에 대해 다양한 대안을 생각할 수 있다.
- 다양하고 폭넓은 시야를 가지고 있다.

비판지향 경청유형은 다음과 같은 단점을 가지고 있다.
- 종합적으로 정리하고자 하여 세부적인 것을 놓칠 수 있다.
- 중간중간 대화의 정당성을 확인하므로 대화의 진행이 느리다.
- 상황에 따라 자신의 주장을 너무 강하게 표현한다.
- 다른 사람의 말을 중간중간 끊어서 대화를 중단시킬 수 있다.
- 다른 사람의 의견도 폭넓게 받아들이므로 결정이 늦어질 수 있다.
- 문제의 종합적인 측면과 결과를 고려하므로 상대적으로 과정에 대한 고려가 약하다.
- 대화 결과 나타난 의사결정이 원래의 의도와 다를 수 있다.
- 특정 사안에 대하여 편견을 가질 수 있다.

시간지향 경청유형

시간지향 경청유형은 다음과 같은 상황에서 나타난다.
- 대화 시간에 제한이 있을 때
- 인간관계보다 업무에 더 시간을 투자하고자 할 때
- 짧고 서두르는 상황일 경우

시간지향 경청유형은 다음과 같은 특징을 가지고 있다.

- 다른 사람과의 간략한 상호작용을 선호한다.
- 말하는 사람에게 자신이 대화할 수 있는 시간이 얼마나 되는지를 말하고자 한다.
- 다른 사람에게도 같은 시간을 적용하고자 한다.
- 가능하면 대화를 정해진 시간보다 빨리 끝내고자 한다.
- 대화 시에 불필요한 예제나 정보는 삭제한다.
- 상대방이 대화를 끝내고 싶다는 비언어적 단서를 보내는지를 중요시한다.
- 방 안에 하나 이상의 시계가 있다.
- 대화 시 컴퓨터나 시계에 알람 기능을 설정하는 경우가 있다.

시간지향 경청유형은 다음과 같은 장점을 가지고 있다.

- 다른 사람의 말을 들을 때 시간의 제한이 있음을 알린다.
- 만남이나 대화에서 시간을 어떻게 이용할 것인지 지침을 정한다.
- 말하는 사람이 쓸데없는 말을 하며 시간을 낭비하지 않도록 해 준다.
- 시간이 낭비되고 있을 때 상대방에게 암시를 준다.
- 정해진 시간 안에서 대화를 집중적으로 한다.

시간지향 경청유형은 다음과 같은 단점을 가지고 있다.

- 시간을 낭비하는 사람들을 참지 못하는 경향이 있다.
- 인간관계에서 긴장을 주면서 다른 사람들을 방해한다.
- 시간을 너무 의식하다 보면 대화의 집중력이 떨어질 수 있다.
- 대화 시 자주 시계를 들여다 봄으로써 상대방을 초조하게 만든다.
- 대화의 시간을 압박함으로써 대화의 창조성을 제한시킨다.
- 말이 많은 사람에게는 실망을 안겨준다.

맥락지향 경청유형

맥락지향 경청유형은 다음과 같은 상황에서 나타난다.
- 대화가 놓여 있는 상황과 내용을 종합적으로 고려하여야 할 경우
- 화자의 감정까지도 고려해야 할 경우

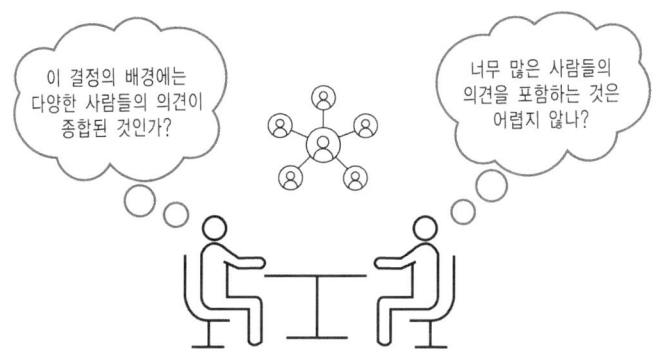

맥락지향 경청유형은 다음과 같은 특징을 가지고 있다.
- 대화 내용이 놓인 상황까지 포함하여 다양한 변수를 고려한다.
- 말하는 사람의 감정의 세부적인 측면까지도 고려하고자 한다.
- 대화 각각의 내용에 대해 다르게 생각한다.
- 대화 시 관련된 사항에 대해 관심을 기울인다.
- 대화 시 상대방의 언어적·비언어적 요소들을 대부분 의식한다.

맥락지향 경청유형은 다음과 같은 장점을 가지고 있다.
- 대화와 관련된 사항에 대해 많은 관심을 기울인다.
- 말하는 사람의 의도나 감정까지도 헤아린다.
- 말하는 사람이 길게 말을 해도 끝까지 들어준다.
- 말하는 사람의 말하고자 하는 욕구까지도 헤아리기 위해 노력한다.
- 대화를 하는 환경을 중시한다.

맥락지향 경청유형은 다음과 같은 단점을 가지고 있다.
- 대화에 오랜 시간이 걸린다.
- 상대방이 급한 경우에는 대화가 잘 진행되지 않는다.
- 모든 환경적인 요인을 고려하다 보면 핵심 대화를 놓칠 수 있다.
- 말하는 사람의 감정을 다 헤아리다 보면 감정에 치우칠 수 있다.
- 의사결정에 많은 시간이 걸린다.
- 말이 없는 사람의 경우 그 진의를 정확하게 다 파악하기는 어렵다.

이와 같이 선호되는 경청유형은 6가지로 구분된다. 모든 사람이 선호하는 경청유형이 단일하게 정해져 있는 것은 아니며 대화 상황의 시간, 장소, 특정한 환경, 성격 및 대화하는 사람과의 관계에 따라 수시로 변화할 수 있다.

즉, 우리는 경청하는 사람이 상황에 따라 다양한 경청유형을 선택한다는 사실을 알아야 한다. 지금 이 글을 읽는 사람도 세심하게 관찰해 본다면 자신이 경청유형을 자주 바꾸고 있다는 것을 알아차릴 수 있을 것이다.

사람들은 경청유형이 습관이라고 생각하기 때문에 청자가 주로 보이는 경청유형이 그 사람의 지배적인 스타일로 인식되기도 하지만 상황에 따라 다양한 경청유형을 사용할 수 있다는 것을 아는 것이 중요하다.

사람들은 대화 과정에서 대화로부터 얻고자 하는 결과나 필요성 등으로 인하여 특정한 한 가지 경청유형보다 더 많은 것을 사용하기도 한다. 청자가 선호하는 경청유형에 따른 정보의 선택은 의식적이든 무의식적이든 화자를 판단하는 데에 영향을 미치며

반대로 화자는 청자의 경청하는 태도나 행동을 보고 청자를 판단하게 된다.

한편 특정 상황에서는 선호하는 경청유형이 나타나지 않기도 하는데 이것을 '경청회피'라고 한다. 경청회피는 일반적으로 부정적인 것은 아니지만 극단적인 상황에서는 문제를 야기할 수 있다. 지나치게 자신의 내적 문제에 골몰할 경우 우리는 경청회피 현상을 초래할 수 있고 우리는 대인 관계에서 상당한 어려움을 겪을 것이다.

경청유형의 활용

지금까지 경청유형에 대해 알아보았다. 경청유형은 경청의 행동을 나타내는 것이므로 경청과정과는 다르게 외부로 표현된다는 특징이 있다. 이러한 이유로 경청의 과정에서 인식되는 사항들이 경청의 행동에서는 다르게 나타날 수가 있다. 청자는 이러한 경청유형을 이해하고 상황에 따라 효과적으로 활용하여야 한다. 여기에서는 경청의 행동을 활용하는 방안에 대해 알아보고자 한다.

일반적인 대화에서는 서로가 선호하는 경청유형으로 인하여 대화가 잘 될 수도 있지만 반대로 잘 안 될 수도 있다.

다음 그림에 따르면 두 사람이 대화할 경우 선호하는 경청유형이 6개씩이므로 총 36개의 경우의 수가 발생할 수 있다.

그 상황에서 언어적·비언어적 정보를 주고받는 도중 정보의 왜곡 현상이 발생하여 정보 전달이나 해석에 문제가 발생하는 것이다. 따라서 대화를 하는 경우 대화 상대방의 경청유형을 파악하는 것이 중요하다. 그래야만 자신이 말할 차례에 상대방의 유형을 참고하여 효과적으로 말할 수 있기 때문이다.

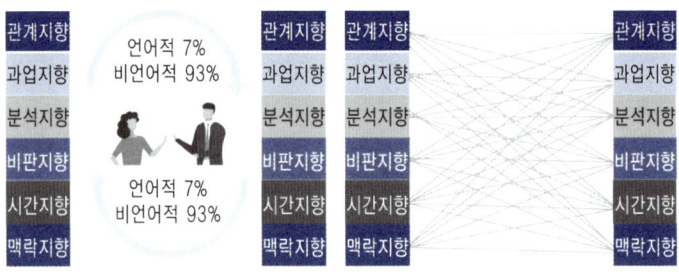

예를 들면 A가 관계지향이고 대화 상대방인 B가 시간지향 경청유형을 선호할 경우 A는 B와 대화할 때 많은 이야기, 개인적인 대화를 하고 싶어 할 것이다. 그러나 상대방인 B는 제한된 시간 내에 대화를 마무리하기 위해 빠른 속도로 말하고 본론에 관련된 대화만을 선호한다.

이 경우 보다 개인적인 대화를 원하는 A의 입장에서는 B의 경청하는 태도가 못마땅할 것이다. B 역시 빨리 대화를 끝내고 자신의 일을 하여야 하는데 계속 개인적인 대화를 하고 시간을 끄는 A에게 불만을 가질 수 있다. A, B 둘 다 이러한 마음으로 대화를 한다면 그 대화가 과연 효과적일까?

다른 예를 들어보자. 이번에는 C가 분석지향적인 경청유형을 선호하고 D가 맥락지향적인 경청유형을 선호한다고 하자. 대화 과정에서 C는 D가 말하는 사항에 대해 내용적으로 분석하고 디테일한 것을 듣기를 원한다. 그러나 전체적인 대화 환경이나 개인적인 감정을 상호 교환하면서 대화하기를 원하는 D는 C의 경청하는 태도가 못마땅할 것이다.

이러한 상황에서의 대화 역시 효과적일 수 없다.

반대의 경우를 생각해보자. 관계지향적인 E와 관계지향적인 F와의 대화 상황은 다를 것이다. 서로가 개인적인 이야기 듣기를 선호하고 관계 향상을 선호하므로 대화는 원만하게 흐를 것이다. 하지만 핵심에 이르기까지는 상당한 시간이 소요될 수 있다.

왜냐하면 서로가 핵심적인 대화보다는 주변 상황인 인간적인 이야기를 할 가능성이 높기 때문이다.

다음 그림에서 제2장의 경청과정을 적용할 경우 경청 복잡성의 증대로 인하여 대화는 더욱 어려워진다. 선호하는 경청유형 방식에 따라 상대방의 말을 정보로 간주하여 받아들이는 경청과정이 달라지고 경청과정에서 선택하는 경청과정 단계가 또 달라지기 때문이다. 그림에서 나타나는 바와 같이 시간, 장소, 상황, 성격 및 관계는 대화의 여러 부분에 영향을 미친다.

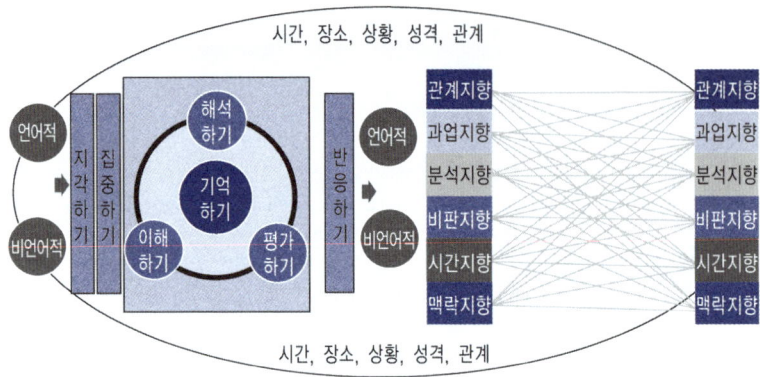

　또한 서로 다른 경청유형, 경청과정의 적용 그리고 제약요인으로 인하여 대화의 상당 부분이 왜곡되는 현상이 발생하기도 한다. 이러한 다양한 변수로 인하여 우리는 우리가 듣고 싶어 하는 것만 듣게 되는데 이것은 경청에서의 '선택적 경청'과는 다른 의미이다.

　그러므로 효과적인 경청을 원한다면 체계적인 경청학습과 노력을 통하여 경청에 영향을 미치는 다양한 요인들을 고려하면서 상황대응적인 경청을 하여야 한다.

▍피드백 경청행동에서의 활용

　경청의 행동은 경청 반응 및 일련의 피드백을 포함한다. 경청행동은 면 대 면, 직접 상호작용을 통하여 외부로 나타나는데 대인관계에서 상호작용을 한다는 것은 화자와 청자 모두 메시지를 생산하고 처리하는 것을 의미한다.

　화자 입장에서 청자의 피드백은 자신이 전달하고자 했던 내용을 청자가 잘 이해하였는지를 판단하게 해 주는 기준이고, 피드백이 다 끝난 다음에 대화를 지속할 것인지 말 것인지를 결정하는 계기가 되기도 한다.

청자 입장에서는 피드백을 해 주면서 자기 자신이 화자의 말을 잘 이해했는지를 생각해 볼 수 있는 기회가 된다. 대화 중간 중간 수시로 고개를 끄덕이거나 적절한 언어적·비언어적인 반응을 했다고 하더라도 본인이 화자의 말을 전부 잘 이해했다고 확신할 수 없기 때문이다.

즉, 청자의 피드백과 반응은 화자에게 "당신의 말을 잘 이해했습니다."라는 신호를 보내는 것과 같다. 이렇듯 경청의 행동으로서 '반응'은 매우 중요하며 그것은 대인관계에서 상호 신뢰와 수용을 가져오는 첫 단계이기도 하다.

화자는 자신이 말을 하면서도 청자를 보며 "저 사람이 내 말을 잘 이해하고 있을까?" 하는 의문을 가질 수 있다. 그런 의미에서 청자가 경청유형을 통하여 외부로 드러내는 피드백을 효과적으로 하는 것은 매우 중요하다. 효과적인 청자의 피드백은 화자가 자신이 하는 말에 대해 확신을 가지게 하고 자신감을 높여줄 수 있다. 만약 청자가 적절한 시기에 적절한 피드백을 하지 않는다면 화자는 대화를 중단하려 할 수 있고 이 경우 청자는 화자와의 인간관계를 효과적으로 운영하지 못할 것이며 화자로부터 들을 수 있는 상당한 양의 정보를 수용하지 못하게 된다.

경청역량 평가에서의 활용

경청역량은 외부로 나타나는 행동적인 요소이다. 그러므로 화자는 청자가 어떻게 듣는지를 인지하고 평가하는 것이 가능하다. 대인관계에서 개인적인 경청행동은 상황에 따라 달라지는데 개인적인 대화 상황에서는 대화 목적을 명확하게 이해하는 것이 중요하다. 그 이유는 대화 목적에 따라 경청행동이 달라질 수 있기 때문이다.

이러한 경청행동은 경청을 얼마나 잘 하는지에 대한 일종의 역량으로서 인식된다.

왜 어떤 사람은 효과적인 경청자로 인정받고 왜 다른 사람은 그렇지 못한가? 왓손과 바커Watson & Barker는 경청능력에 대해 "경청능력은 단지 지식의 소유로서 정의될 수 없다. 효과적이고 능력 있는 경청은 행동적인 활동이며 그러한 경청은 연습과 피드백으로 인하여 발전될 수 있다."라고 하였다. 다른 연구자인 리쥐Ridge는 "경청은 아는 것과 행동하는 것을 동시에 수반한다."라고 하면서 경청역량에 대해 인지적인 요소와 행동적인 요소를 동시에 말하고 있다.

경청역량은 일반적으로 외부로 나타나는 관찰 가능한 행동만을 말한다. 경청행동을 연구한 사람들은 경청행동이 경청에 대한 스킬과 태도 그리고 능력을 외부적으로 보여주는 것이며, 그러한 행동적인 요소들은 측정이 가능하고 학습을 통하여 발전 가능하다고 하였다. 이렇게 측정 가능한 요소로서의 경청역량은 경청을 하는 사람이 자기 자신이 경청을 잘하는지 못하는지에 대한, 스스로가 생각하는 인식 및 평가가 아닌 대화 상대방이나 관계하는 다른 사람들이 경청하는 사람을 보고 객관적으로 판단하는 것이다.

경청역량을 평가할 때에는 외부적으로 나타나는 행동적인 요소를 평가하며 그것은 하나의 경청스킬이라고 할 수 있다. 그러한 스킬은 다음과 같은 행동적인 요소를 포함한다.

- 대화의 방향을 이해하는 것
- 대화 과정에서 필요한 정보를 획득하는 것
- 구두 지시를 받을 때 요점을 정확하게 파악하는 것
- 다른 사람이 메시지를 이해하지 못한 것을 알아차리는 것
- 다른 사람의 질문과 제안을 이해하는 것
- 다른 사람의 욕구와 불평을 이해하는 것
- 자신이 모르는 것을 질문하는 것
- 사실과 의견을 구별하는 것
- 다른 사람의 기대를 이해하는 것
- 다른 사람과의 대화에서 핵심 요점을 파악하는 것
- 부정적이거나 긍정적인 피드백을 주는 것
- 아이디어 가운데 상호 연관성이 있는 것을 파악하는 것
- 기본적인 아이디어와 디테일한 것을 회상하는 것
- 열린 마음으로 집중하는 것
- 화자의 목적을 인식하고 생각과 정보를 조직화하는 것
- 감정적 요소와 논리적 요소를 구별하는 것
- 편견과 자만을 통제하는 것
- 화자의 태도를 인식하는 것
- 논리적인 추론과 결론을 이끌어 내는 것
- 함축적인 내용과 논쟁을 회상하는 것
- 화자의 언어적·비언어적인 요소들을 파악하는 것

경청의 행동적 요소는 일반적으로 일을 하는 상황에서 많이 사용된다. 일을 할 때는 경청해야 하는 상황이 더욱 많아지는데 조직 내에서 조직 구성원들 간의 대화, 고객관계, 지시나 보고 상황, 협상, 회의, 법정에서의 경청 등 다양한 환경에서 나타나는 경청 상황은 여러 가지 형태일 것이다.

이러한 상황에서 경청역량을 이해하고 판단하는 근거가 되는 것은 듣는 태도로서 청자가 외부로 나타내는 행동적 요소들이고 자기 자신이 "나는 경청을 잘 하고 있어."라고 생각하는 것과 대화하는 상대방이 "저 사람은 내 말을 잘 듣고 있나?"라고 생각하는 것은 별개의 문제이다. 앞에서 언급하였지만 경청을 잘하는지 못하는지를 판단하는 것은 대화의 상대방이다. 우리는 경청을 하는 과정에서 행동적인 요소가 자신도 모르게 나타남을 인지하지 못하고 그러한 행동에 대해 화자가 판단을 하는지도 모르고 지나간다.

경청행동인 경청역량에 대해 청자가 스스로 인식하는 것과 화자가 인식하는 것에 큰 차이가 있다는 것은 브라운넬Brownell을 비롯하여 많은 연구자들이 증명하였다.[22] 이것은 오늘날 정보통신의 발달로 인하여 대면으로 말하는 시간보다 듣는 시간이 더 많아지는 상황과 맥을 같이 한다. 그러나 일반석으로 사람들은 경청에 소요되는 시간의 중요성을 잘 파악하지 않은 채 자신은 경청을 잘 하고 있다고 생각하는 경향이 있다.

조직 관리 상황에서 관리자들은 스스로가 높은 수준의 경청을 하는 사람이라고 생각한다. 그러나 효과적인 경청을 하는지 여부는 관리자 스스로가 판단하는 것이 아니라 실제 같이 일하는 부하직원들에 의하여 파악되고 평가된다. 실제로 대부분의 관리자들은 본인이 '매우 잘 경청'하는 관리자라고 생각하고 있으나 부하직원들이 평가한 관리자들의 경청역량은 낮은 것으로 나타났다. 이러한 경청역량은 외부로 나타나는 행동적인 요소로서 대화 상대방에 의하여 평가를 받는 것이기 때문에 개인 및 조직에서의 경청역량은 대화 상대방이 '아, 내가 상대하는 이 사람은 내 말을 정말 잘 들어 주네.'하고 생각하도록 만드는 것이 핵심이다. 경청역량은 실제로 다양한 사람들과 관계를 맺는 개인이나 집단 그리고 조직상황에서 매우 중요하기 때문이다.

리더십에서의 활용

리더는 자신을 따르는 사람들에게 영향을 미치는 존재이다. 경청유형으로 나타나는 경청의 행동에는 리더십적인 요소가 들어 있다. 경청의 행동은 상대방에게 신뢰와 수용 부분에 있어 일정한 영향을 미치므로 경청의 행동은 리더십과 연관이 있다고 할 수 있고, 경청은 상대방의 신뢰와 수용을 이끌어 내는 데에 있어 중요한 행동요인이 된다. 즉, 경청행동에는 사람들이 선호하는 경청유형이 있고 선호하는 경청유형으로 경청행동을 나타내는 것이 말하는 상대방의 신뢰와 수용에 영향을 준다는 것이다.

우리는 주의 깊게 듣는 행위, 경청을 중요하다고 생각하면서도 구체적으로 자신의 듣는 유형이 무엇인지, 상대방은 자신의 듣는 것에 대해 어떻게 생각하는지, 경청과 경청행동이 구체적으로 어떻게 상대방의 신뢰 및 수용에 영향을 미치는지를 모르면서 막연히 생각하고 행동해 왔다고 할 수 있다. 우리의 그러한 행동이 습관화되었을 때 상대방은 그것을 그 사람의 경청유형으로 인식하고 그 과정에서 신뢰와 수용에 영향을 받는다는 것을 이해하지 못하고 있었던 것이다.

경청유형으로 나타나는 경청의 행동이 신뢰와 수용에 일정한 영향을 미친다는 리더십적인 관점은 조직 상황에서뿐만 아니라 부모와 자식관계, 선생님과 학생 관계, 관리자와 부하직원과의 관계 등 다양한 상황에서 적용이 가능하다. 이러한 양자 관계에서 경청하는 사람은 자신이 스스로 생각하는 자신의 경청유형과 상대방이 생각하는 나의 경청유형이 상당 부분 다를 수 있다는 것을 인지하여야 한다. 즉, 경청하는 사람은 자신이 생각하는 경청유형으로 상대방 또한 생각할 것이라는 인식을 버려야 하고 상대방 역시 자신과 마찬가지로 선호하는 경청유형이 있다는 사실을 인식하는 것이 중요하다.

따라서 경청하는 사람으로서 자신이 생각하는 경청유형만을 선호할 것이 아니라 상대방이 기대하는 경청유형을 선택하여 상황 대응 경청을 하는 것도 중요함을 인식하도록 한다.

랍델Lobdell 등은 상사의 낮은 경청행위에 대한 부하직원의 인식은 부정적인 관계를, 상사가 좋은 경청행위를 가진 것으로 인식하는 부하직원은 긍정적인 관계를 가져온다고 하였다.[23] 이는 관리자는 자신이 부하직원을 배려하고 많은 시간을 부하직원의 이야기를 듣는 데 사용한다고 생각하는 반면, 부하직원은 관리자인 상사가 자신의 말을 잘 듣지 않는다고 생각하는 생각의 차이에서 비롯된다고 할 수 있다. 이것은 경청이 상대방의 신뢰와 수용에 영향을 미치고 구체적으로 어떤 경청유형이 신뢰와 수용에 더 영향을 미치는지에 대한 정도를 밝힌 것으로서 조직에서 경영자나 관리자들이 고객과의 관계 및 대인관계에서 상대방의 말을 어떻게 잘 들어야 하는지에 대한 해답을 제시해 준다.

조직 상황에서 조직 내 커뮤니케이션을 활성화하고 효과성을 가져오기 위해서 관리자는 부하직원의 말을 잘 들을 수 있는 방법을 찾고 그 방법을 통하여 부하직원이 말하고자 하는 바를 파악하여야 한다.

또한 경청유형이 한 사람의 현저한 지배적인 스타일로서 논의되기도 하지만 경청하는 한 사람이 다양한 유형을 사용할 수 있다는 것, 다중 선호자가 다수 존재하는 상황에서 자신의 경청유형이 달라질 수 있다는 것을 이해하는 것도 중요하다.

사람에게 분절된 단 하나의 경청유형만이 존재할 수는 없다. 우리는 경청유형과 경청행동을 '경청 리더십'으로 활용하면서 상대방의 마음의 신뢰를 얻고 나아가 우리의 말과 행동을 받아들이는 수용을 높이도록 하는 것이 진정한 대인관계에서 필요한 일이라는 것을 인식하여야 한다.

일상생활에서의 활용

일상생활 속에서 사람들은 대부분 자신이 선호하는 경청유형을 드러낸다. 이는 조금만 유심히 관찰을 하면 알아차릴 수 있다. 관계지향, 과업지향, 분석지향, 비판지향, 시간지향 및 맥락지향 경청유형을 각각 우선적으로 선호하는 사람들은 작지만 확실한 단서로써 자신의 경청유형을 나타내므로 이러한 단서와 대응방안들을 참고로 하여 효과적인 경청을 할 수 있도록 한다.

사람들은 자신의 경청유형을 다양하게 나타낸다. 경청유형 역시 여기에서 대표적으로 설명한 6가지 유형 외에 여러 가지로 나타날 수 있다. 하지만 모든 경청유형을 세부적으로 설명할 수는 없으므로 여기서 제시된 6가지 경청유형을 기본으로 하여 새로운 경청유형을 파악하는 것도 의미가 있을 것이다. 대화를 하는 경우 경청하는 사람의 입장, 말하는 사람의 입장에서 각각 경청유형에 대해 생각해 보고 세심하게 관찰을 하는 것을 습관화한다면 일상생활에서 경청역량을 향상시킬 수 있다.

경청유형의 활용 제한성

경청유형에 영향을 미치는 요소는 다양하다. 경청과정에서 제약요인으로 작용하였던 시간, 장소, 상황, 성격 및 관계는 경청유형에서도 역시 제약요인으로서 영향을 미친다. 또한 경청의 다중성과 경청회피 역시 경청유형 활용에 제한을 가져온다고 하겠다.

감정 |

경청유형에 영향을 미치는 요소에는 성격뿐만 아니라 감정적인 요소도 있다. 감정은 매우 복잡한 요소로서 우리가 경청을 하는 과정에서도 수시로 나타났다가 수시로 사라진다. 우리는 대화를 하면서 특정 단어에 반응하여 갑자기 눈물이 나며 감정적인 상태가 되기도 하고 화가 나는 것을 느끼기도 한다. 이러한 감정적인 변화는 우리가 습관적으로 선호하는 경청유형을 나타내는 데에도 영향을 미치므로 표현이 다양한 사람은 대화하기 전에, 특히 경청하기 전에 자신의 감정 상태를 편안하게 하고 대화를 하여야 한다.

감정은 여러 측면에서 경청과 관련이 있다. 감정이 너무 격해진 상태에서는 효과적인 대화나 경청이 어려울 수 있으므로 감정을 자제하여야 하고 경청을 하여야 하는 상황이 온다면 자신의 몸과 마음 상태는 어떤지를 파악하여야 한다. 경청은 주의 깊게 들어야 하는 것으로서 에너지가 많이 소요된다. 에너지가 필요한 경청에서 다양한 감정 상태로 인해 에너지가 다 소진된 경우라면 듣기를 중단하거나 연기하여야 하는 것이다.

성별 |

남성과 여성은 커뮤니케이션 하는 방식 및 다른 사람들과의 상호 작용에 있어 차이가 있다. 여성들은 대화 시 관계적인 언어와 친밀감 있는 단어를 주로 인지하여 듣는 반면, 남성들은 지위나 독립성 있는 단어 위주로 듣는 경향이 있다.

물론 이를 일반화하여서는 안 될 것이지만 여러 연구에 따르면 남성과 여성의 듣기 성향에는 다소 차이가 있다. 여기에서는 여러 연구에서 다양하게 제기된 사항들을 정리해보고자 한다.

대부분 여성들이 가지고 있는 선호 경청유형은 사람을 중시하는 관계지향이고 반대로 남성은 과업을 중시하는 경청유형을 선호한다. 남성과 여성 경청자는 보통 대화 민감도나 감정, 다른 사람을 간섭하는 행위나 상황적인 맥락에서 차이를 보인다.

그러나 이러한 남녀 성별에 따른 경청유형의 차이도 중요하지만 남성이나 여성 모두 자신의 역할을 인식하는 것 또한 중요하다고 하겠다. 왜냐하면 생물학적인 성별에 의한 경청유형의 차이는 남녀 성별에 따른 경청유형 모두를 설명하기에는 부족하기 때문이다.

남성이나 여성 모두 살아가면서 경험을 쌓고 학습을 통하여 한 인간으로서 살아가는 것이기 때문에 자신의 성에 대한 인식, 남성 또는 여성으로서 자신의 역할에 대한 인식을 새롭게 할 경우 선호 경청유형을 재정립할 수 있을 것이다. 따라서 남성, 여성 모두 성별에 따른 차이가 있다는 것을 인식하면서 자신의 듣는 유형을 발전시켜야 할 것이다.

성별에 따른 차이는 선호 경청유형에만 영향을 미치는 것은 아니다. 경청유형이 인지적 과정을 통하여 정보를 받아들이는 것에 습관화되어 있고 그것이 반복될 경우 사람들은 그것을 자신의 경청유형이라고 생각한다.

성별의 차이는 경청의 인지적 요소인 경청과정에도 영향을 미친다. 효과적인 경청을 위해서는 남여 모두 상황적응적 인식과 태도를 가지고 대화 상황에 따라, 그리고 상대방에 따라 적절한 경청유형을 선택한다면 효과적인 경청을 할 수 있을 것이다.

경청유형의 다중성

선호 경청유형에 있어 사람들이 두 가지 이상의 선호 유형을 가지는 경우도 있다. 그것은 이상한 일이 아니다. 주어진 상황 혹은 조건이 변화하는 과정에서 사람들은 어떤 경우에는 관계지향 경청유형을, 어떤 경우에는 과업지향 경청유형을 나타내기도 한다.

예를 들면 아침 혹은 오전 등 조금 여유가 있는 시간대에는 다른 사람들과의 관계에 관심을 많이 가지면서 관계지향 경청유형으로 개입을 하고, 오후에 바쁘고 처리해야 하는 일들이 많아지면서 자신도 모르게 시간지향 경청유형으로 바뀌어 사람들과의 관계를 설정하는데 이를 다중 선호자라고 한다.

이러한 변화는 때때로 대화 상대방의 입장에서는 혼란스럽다. 바쁘지 않을 때 보았던 경청유형과는 다르기 때문이다. 다중 선호가 존재할 때 어떠한 선호가 지배하거나 갑자기 상황이 변화하는 경우에는 여러 가지 요소나 이유들이 있다.

예를 들면 시간적 압력이 생기거나 화자 혹은 주제에 대한 관심과 동기가 순간적으로 변화할 경우, 대화하는 주변 환경이 달라진 경우, 경청하는 사람의 관심이 관계에서 과업으로 바뀔 경우 등이다.

이는 일상생활에서 흔히 나타날 수 있는 상황이다. 그러나 특정 상황에서 수시로 다중 선호자로서 행동을 한다면 상대방은 혼란스러울 수 있다.

따라서 개개인은 자신의 경청유형의 변화에 주의를 기울이고, 자신의 경청유형이 변화하는 특정한 경우나 상황, 이유 등을 잘 인지해 두는 것이 좋다. 그리고 상대방이나 상황에 맞추어 자신이 의도적으로 경청유형을 바꾼 것이 아님에도 이러한 현상이 자주 일어난다면 그 원인을 파악하여 해결방법을 찾도록 한다.

또한 다중 경청유형이라 하더라도 바뀐 경청유형이 일관되게 나타나는 경우라면 그것이 자신의 경청유형으로 자리 잡게 될 수 있음을 알아두도록 하자.

경청유형의 회피

경청유형의 극단적인 다른 상황은 경청회피이다. 오늘날 대부분의 사람들은 바쁘게 생활하고 사람들은 이러한 생활에 지친 나머지 특정 상황에서 명확한 선호 경청유형을 나타내지 않기도 한다. 그러한 경우라면 사람들은 경청을 회피하고 있는 것인지도 모른다.

일상생활에서 경청회피가 반드시 부정적인 기질은 아니다. 하지만 만약 그것이 특정 상황에서 극단적으로 발생한다면 문제가 될 수 있다. 사람들은 대인관계에서 경청회피를 나타낼 때 이 경청회피가 그들의 일과 가족들과의 관계에 어떠한 영향을 미칠 것인가를 생각하여야 한다.

일부 사람들은 경청보다 다른 채널, 예컨대 보고서 등을 통하여 정보를 받아들이는 것을 선호하기도 한다. 그러나 대화가 일상적으로 행해지는 우리의 상황을 고려할 때 상황, 주제, 사람에 관계없이 경청회피는 조심스럽게 검토될 필요가 있다.

일반적으로 대인관계를 원만하게 유지하기 위해서는 우리는 자신이 경청회피를 하는 경우가 언제인지, 그 이유가 무엇인지를 파악하여야 한다. 그리고 자신이 사람들과의 관계를 회피하고 싶은 마음이 있다 하더라도 가급적 대화를 하고 경청회피를 피하도록 스스로 노력해야 한다.

경청유형의 활용 효과

경청의 행동 특징으로서의 경청유형은 사람마다 대상을 바라보는 관점과 대상을 대하는 태도 등이 다르기 때문에 자신이 선호하는 경청유형을 선택하고 그것을 외부로 표현하는 방식 또한 다르게 나타난다. 그리고 이러한 경청유형으로부터 나타나는 경청의 행동은 상대방에게 많은 영향을 미친다. 경청을 하는 사람은 늘 자신은 경청을 잘하고 있다고 생각하지만 과연 상대방도 그렇게 생각할까?

이와 관련하여 국내에서는 조직 내 관리자인 팀장급과 부하직원을 대상으로 하여 상호 경청에 대한 인식을 어떻게 하는지에 대해 조사하였고 특히 사람지향 경청유형, 행동지향 경청유형, 내용지향 경청유형, 시간지향 경청유형 4개의 유형으로 나누어 관리자의 경청유형이 부하 직원의 신뢰와 수용에 미치는 영향에 대해 연구한 바 있다.[24] 이 연구에 따르면 관리자와 부하직원이 생각하는 관리자의 경청에 대한 인식의 차이는 매우 크게 나타났는데 관리자는 자신이 부하직원들을 많이 배려하고 그들의 말을 충분히 잘 들어주고 있다고 생각한 반면 부하직원은 관리자가 자신의 말을 잘 들어주지 않는다고 생각하였다. 최근 2~30대의 사원들은 과거와는 달리 자신의 의견을 적극적으로 표출하고 상사의 지시도 명확하게 전달되는 것을 선호하는 경향이 있다.

상사인 관리자가 시간이 촉박하다고 하여 중간에 말을 끊는 등의 행동을 하는 것은 부하직원에게 부정적인 인식을 줄 수 있으므로 관리자들은 그 상황을 잘 설명하고 이해를 구하는 자세를 취하여 본인이 그 상황에서 시간지향적인 청자가 될 수밖에 없는 것을 부하직원이 이해할 수 있도록 알려 줘야 한다.

또한 관리자와 부하직원은 관리자 경청행동 및 유형을 개인적 특성과 조직문화에 따라 상이하게 인식하고 있는 것으로 나타났다. 이러한 차이는 조직 내에서 오랜 시간 형성되어 온 개인적 특성이 관리자의 경청에 영향을 미치는 것으로 해석할 수 있으며 따라서 관리자는 오랜 세월 형성되어 온 자신의 경청행동 및 유형을 파악함과 동시에 부하직원의 개인적 특성과 조직 문화도 이해하면서 부하직원과 대화를 하여야 한다.

이러한 연구는 말하기가 중시되는 상황에서 주의 깊은 듣기 즉, 경청의 문제를 조직 내 상황에 적용하여 파악하고자 했다는 점에서 의미가 있다. 연구에서 나타난 결과를 모든 관계에 일반화하기는 어려울 것이지만 부부 사이, 부모 자식 간, 선생님과 학생과의 관계 등 대부분 쌍방 관계에서 있을 수 있다고 생각한다. 앞서의 경청유형에 대한 활용 및 제한 요인에서 언급한 바와 같이 사람마다 제각각의 경청행동을 동기 유발하는 경청유형을 가지고 있기 때문이다.

경청의 행동과 신뢰와 수용

경청유형으로 나타나는 경청의 행동이 왜 중요한가? 경청과정이 내적 과정으로서의 역할을 하는 반면 경청행동은 외부로 나타나 대화 상대방의 신뢰에 영향을 미치고 결과적으로 경청을 하는 사람에 대한 수용을 하는 데에 영향을 미친다.

앞서 관리자 경청유형이 부하직원의 신뢰와 수용에 영향력을 미쳤다고 한 것과 같은 맥락이다. 사람들은 누구든 자신의 말을 잘 들어주는 사람에게 신뢰를 가지게 될 것이며 그러한 경청의 행동이 반복된다면 청자가 자신의 의견을 대화 상대방에게 제시할 때 그 의견이 받아들여지는, 즉 수용이 될 가능성이 높아질 것이다.

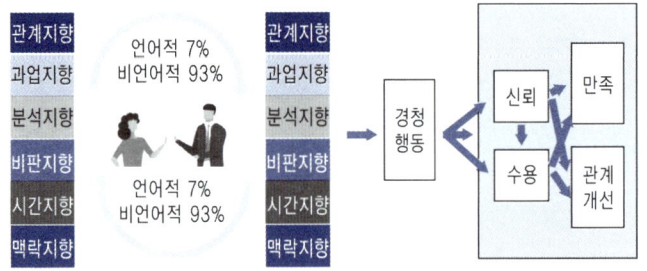

경청행동으로 영향을 받는 신뢰와 수용은 각각 동일한 방향으로 움직인다. 즉, 비례관계에 있다. 따라서 신뢰가 높아질 경우 수용 역시 높아지고 반대의 경우도 마찬가지이다. 신뢰와 수용은 심리적 측면이 강하기는 하지만 그것은 결과적으로 행동으로 옮겨 갈 가능성이 높다. 따라서 경청행동이 신뢰와 수용에 영향을 미친다는 것은 곧 경청행동에 대한 인식이 행동으로 나타날 가능성이 높다는 것을 의미한다.

지금까지 경청의 행동에서 가장 중요한 경청유형에 대해 알아보았다. 사람들은 기본적으로 경청행동을 단일한 지배적인 경청유형에 의존하면서 하나의 습관적인 기능으로서 경청하는 것이라 생각한다. 경청행동에서 이러한 경청유형은 대인관계에서 상대방의 말을 듣는 행위나 태도로서 발현되며 우리의 경청유형은 인지적으로 구조화되고 연습 및 강제되었기 때문에 아주 자동적으로 나타난다.

경청유형은 대화 상대방에게 많은 영향을 미치므로 상황에 따라 경청유형을 잘 선택하는 것이 중요하다.

그러나 대부분의 사람들은 자신의 지배적인 경청유형을 바꾸는 것을 주저하는 경향이 있다.

그리고 자신들이 가지고 있던 효과적이지 못한 경청유형을 다른 것으로 바꾸는 경우도 불편해한다. 이는 다양한 환경에서의 한 개인의 지배적인 경청유형은 하나의 구조화된 습관적인 반응이고 경청이 다차원적인 것으로서 여러 다른 변수들과 관련성을 가지고 있기 때문이라고 생각한다. 성격과 감정에 의하여 경청유형이 영향을 받는다고 하더라도 그것은 긍정적인 영향이기보다는 부정적인 영향일 확률이 높다.

따라서 스스로 생각하여 상황에 따라 경청유형을 쉽게 변화시키지 못하는데 결국 이러한 상황으로 인하여 경청유형의 차이가 발생한다고 할 수 있으며 그러한 경청유형에서의 차이가 결국 개개인의 정보 수용과 해석의 방법, 장소, 시기, 대상 그리고 대상물에 관한 태도와 믿음에 대한 차이를 가져오게 되는 것이다.

일반적으로 사람들은 경청유형의 다양성을 지니고 있다. 예를 들면, 실질적인 정보 혹은 통계에 대한 경청을 선호하는 사람이 있는 반면 또 어떤 사람은 개인적인 예를 든 경우나 그림·수식 등을 제시하는 경우를 더 선호하기도 한다.

또 어떤 사람은 상대방이 요점만을 정확하게 말하는 것을 듣기 좋아하는 반면, 형식보다는 내용을 듣는 것을 더 선호하는 사람도 있다. 일반적으로 바람직한 경청행동을 하는 사람은 주어진 환경의 제약에 대응하기 위해 그들의 경청유형을 나타낸다.

이러한 방법은 사뭇 유용하다. 우리는 우리가 경청유형을 다양히게 기지고 있으며 그것을 인지하든 인지하지 못하든 하나의 습관적인 행위로서 나타내며 그 습관을 쉽사리 변경하지 못한다는 사실, 성격과 감정으로 인하여 경청유형이 변화한다는 사실을 알게 되었다. 성격이나 감정으로 인한 경청유형의 변화를 부정적인 관점에서가 아니라 긍정적인 관점에서, 상황에 맞게 변화시켜야 한다. 일반적으로 '습관'이라고 생각하는 것을 전혀 변경하지 못한다고 생각하는 것은 매우 소극적인 사고라고 할 수 있다. 습관은 언습 또는 대도에 의하여 충분히 변화시킬 수 있고 꾸준한 자기 훈련을 통하여 기존의 습관도 성공적인 습관으로 변화시킬 수 있다. 이러한 관점에서 생각한다면 경청유형 역시 하나의 습관으로서 충분히 변화시킬 수 있는 것이므로 우리는 스스로의 경청유형에 대해 평가하고 그를 토대로 더 나은 방식에 대해 숙고하여야 한다.

제4장

경청의 확장

경청은 경청과정과 경청행동을 통하여 알 수 있듯이 생각 및 행동과 연관이 있는 역량이다. 이러한 경청은 인지적, 정서적 그리고 동기적인 요소를 가지고 있다.

경청이란 막연히 듣기만 하는 것이 아니다. 경청과정에서 알 수 있는 것처럼 '반응'이라는 단계가 있다. 이 단계에서는 경청하는 사람이 무엇인가를 피드백하거나 자신의 의견을 말해야 하는데 이때 잠시나마 경청하는 사람이 말하는 사람의 입장이 된다. 즉, 대화는 쌍방으로 이루어지므로 청자가 화자가 되고 화자가 청자가 되면서 대화가 진행되는 것이다.

그러므로 청자는 자신이 말하는 상황에서는 화자의 입장에서 자신의 의견을 정확하게 전달하도록 해야 한다. 즉, 경청은 일방적으로 듣는 것이 아니라 말을 하는 행동도 포함하는 것이다.

한편 우리는 청자 입장일 때 상대방의 말을 잘 이해하지 못한 경우에는 질문을 통하여 이해를 하고자 하는데 이때 질문을 적절하게 잘 하는 것과 화자의 말에 피드백을 하면서 자기주장을 어떻게 하느냐는 경청의 성공 여부를 결정짓는 중요한 일일 것이다.

경청에서 말하기와 질문하기 그리고 주장하기는 경청을 더욱 확장하고 심화시키는 방법이다. 이에 해당 장에서는 경청 상황에서의 말하기와 질문하기 그리고 주장하기를 살펴보고자 한다.

아래 그림은 경청의 확장을 나타낸 것이다. 말하기와 질문하기 그리고 주장하기는 반응 단계로 분류되지만 경청 흐름상 경청과정 각 단계에서 수시로 나타날 수 있는 것이며 이러한 반응을 통하여 경청의 과정 및 경청행동을 확장해 경청을 깊이 있게 이해하게 한다. 경청은 침묵을 통하여 나타나기도 하지만 그런 상황에서라도 내면적으로는 말하기와 질문하기 그리고 주장하기를 반복하고 있다고 보아야 할 것이다.

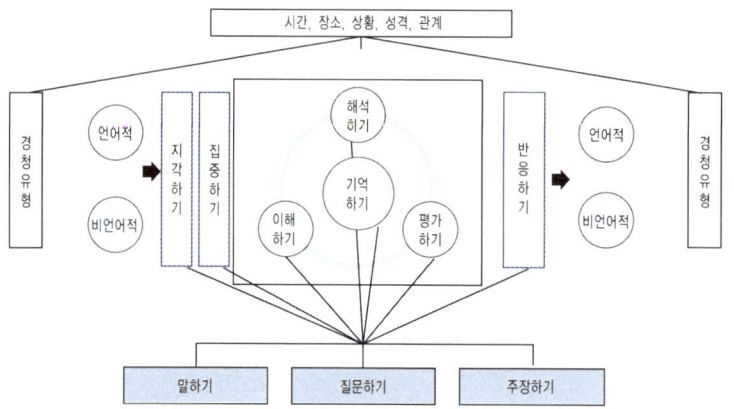

경청과 말하기

　말하기는 누구나 다 잘 하고 싶어 한다. 여기에서는 일반적인 말하기보다는 경청과의 관계에서의 말하기를 살펴보고자 한다.

　보다 깊은 경청 상황에서는 청자가 단지 잘 들어주는 것만으로 적절하게 대화를 진행하기는 어려울 것이다. 이런 경우 경청 흐름 속에서 적절하게 말을 하는 것은 경청의 범위를 확장하고 나아가 대화의 흐름을 원활하게 한다. 그렇다면 경청 상황에서 말하기는 어떻게 해야 하는가? 이에 대한 명확한 기준은 없지만 그래도 몇 가지 사항은 생각해 볼 필요가 있다.

| 먼저 듣고 말한다.

　'먼저 듣고 말한다.'는 것은 당연한 말이지만 대부분의 사람들은 말하는 상대방의 말을 중간에 가로채어 먼저 말을 하고자 하는 경향이 있다. 마음속으로는 '잘 들어야지.'하고 생각하면서도 자신도 모르게 말을 하고 있던 경우도 종종 있었을 것이다. 그러면서도 우리는 스스로 정작 잘 듣고 있다고 생각한다.

　이러한 것은 하나의 습관으로 나타나기 때문에 청자는 그것을 잘 인식하지 못한다. 하지만 화자는 청자가 어느 순간 어떻게 화자가 된 것이지를 안다. 왜냐하면 처음에 화자였던 자신이 말을 하고 있던 중 자신이 허락하지 않았는데도 어느 순간 자신이 청자의 입장에 놓여 있고 지금까지 청자였던 사람이 화자가 되어 말을 하고 있는 상황이 전개되고 있기 때문이다.

  이 상황을 객관적으로 볼 수 있다면 역할이 바뀐 것을 알아챌 수 있을 것이며 그것은 이상한 현상일 것이다. 이 대화가 마무리된 후 처음에 화자였던 사람의 마음은 어떨까? 아마도 해당 상대방과는 다시는 대화를 하고 싶지 않을 것이다. 경청을 실천하는 사람은 일단 이러한 상황을 피해야 한다. 가장 중요한 것은 먼저 '듣고' 말하는 것이다.

  우리는 대인 관계에서 말을 잘 해야 한다는 생각을 가지고 있다. 말을 잘 해야 한다는 강박관념을 가지고 있는 사람도 있다. 그래서 대화 시에 먼저 말을 하지 못하면 속으로 '언제 말을 할 것인가'를 끊임없이 생각하느라 정작 말하는 상대방의 말을 주의 집중하여 듣지 못한다. 그리고 어느 순간 불쑥 말을 시작하고 계속 자기 말을 한다. 물론 대화에서 말을 잘하는 것은 좋은 일이다.

  그러나 냉정하게 생각한다면 말하는 사람과 경청하는 사람 사이에서 대화의 주도권은 누가 가지고 있을까? 많은 사람들은 말하는 사람이 가지고 있을 것이라고 생각하지만 현실은 정반대이다. 말하는 사람은 열심히 말하느라 정작 자신이 무엇을 말하고 있는지 모르는 경우가 많다. 그러나 듣는, 즉 경청하는 사람은 많은 에너지를 사용하지 않고서도 말하는 사람으로부터 많은 정보를 얻는다. 그러면서 상대방의 발화에서 논리적인 모순과 문제점을 파악하기도 한다.

따라서 대화에서는 '잘 듣는 사람'이 대화의 주도권을 행사한다. '듣고 말하는 것'은 경청에서 가장 기본적인 사항이다. 경청의 행동에서 화자는 자신의 말을 잘 들어주는 사람에게 신뢰를 느끼고 높아진 신뢰는 경청하는 사람의 의견 수용의 정도를 높인다고 하였다. 이것은 경청하는 사람이 말하는 사람에게 일종의 영향력을 행사한 것이나 다름없다.

경청에서는 이러한 것을 '경청의 리더십'이라고 한다. 스티븐코비도 『성공하는 사람의 7가지 습관』에서 "먼저 이해하고 나중에 이해시켜라"라고 하여, '먼저 듣는 것'의 중요성을 강조하였다.

따라서 경청을 심화시키고자 한다면 먼저 듣고 말하는 것이 중요한 것임을 명심해야 한다.

간결하게 말한다.

경청 흐름 속에서는 간결성이 중요하다. 즉, 핵심만 간결하게 전달하여 경청의 흐름이 끊기지 않도록 하는 것이 중요하다. 화자뿐만 아니라 청자도 말을 꼭 해야만 하는 순간들이 있다. 이때 말을 '간결'하게 하면 효과적인데 말을 간결하게 할 경우 화자의 말을 중간에 끊지 않으면서도 경청의 깊이를 더욱 확장시키며 대화를 진행시킬 수 있다.

말을 간결하게 하기 위해 특정한 방법을 찾을 필요는 없다. 일단 주의 깊은 경청이 가장 우선이다. 주의 깊은 경청을 하다보면 어느 순간 핵심 사항에 대하여 말이나 질문을 하게 되는데 이때 자신도 모르게 말이 아주 간결하게 나온다. 이는 청자가 화자의 말에 몰입하며 주의집중 경청을 했기 때문이며 화자가 전달한 대부분의 말을 이해하고 의문이 되는 핵심만 남아 있기 때문에 바로 그 부분만을 정확하게 말하거나 질문하기 때문이다. 청자가 순간순간 간결하게 말을 하는 경우 화자의 대화는 깊어진다.

청자가 던지는 간결한 말을 통해 화자는 순간적으로 핵심적인 의미를 다시 생각하게 되고 그 순간 새로운 생각이 더해져 대화의 깊이가 깊어지게 되는 것이다. 이렇듯 청자가 던지는 간결한 말은 화자의 생각을 깊게 하는 하나의 수단이며 상호 대화를 창조적인 순환으로 만드는 요소이다.

천천히 말한다.

경청하는 사람이 말을 할 때에는 '천천히' 하는 것이 특히 중요하다. 청자가 경청과정에서 말을 하는 경우 화자가 그 말을 이해하도록 해야 하는데 그러기 위해서는 적당한 속도로 천천히 말을 할 필요가 있다. 화자든 청자든 말을 듣고 이해하는 데에는 일정한 시간이 소요되는데 말이 너무 빠르다면 생각이 말의 속도를 미처 따라가지 못하는 현상이 생길 수 있기 때문이다.

경청을 하는 사람이 말을 할 경우 화자는 그 말을 들으면서 '생각'을 하게 된다. 이때 청자는 화자가 '생각'할 시간을 확보할 수 있도록 해 주어야 한다. 일반적으로 대화 상황에서 청자가 말을 하는 경우는 보통 화자가 말한 것에 대해 피드백 또는 의견을 주거나 혹은 질문을 할 때인데 그 상황에서 대화를 진행하는 것은 어디까지나 '화자'이므로 그런 상황에서 청자가 피드백 및 본인의 의견을 말하면서 말을 빠르게, 그리고 많이 하는 경우 화자의 생각의 흐름을 방해하여 대화의 질이 떨어질 수 있다.

즉, 경청하는 사람은 필요상 말을 하더라도 짧게, 천천히 말하여 화자가 대화 중간 생각할 수 있을 정도의 시간을 확보해 주고 다시 원래의 경청하는 태도로 돌아가야 한다. 그래야 대화의 흐름을 연속적으로 이어갈 수 있다.

바쁘게 돌아가는 일상생활 속에서 우리는 자신도 모르는 사이에 말을 빠르게 해야 한다는 강박관념에 젖어 있는지도 모른다. 그러나 바쁠수록 천천히 듣고 천천히 말을 한다는 마음을 가지는 것이 중요하다. 그러한 마음을 가짐으로써 생각의 여백을 발견할 수 있고 그 여백을 상대방의 말로써 채워나갈 수 있다.

평온하게 말한다.

온전한 경청을 위해서는 먼저 우리의 마음이 편안해야 한다. 작은 불안이라도 마음에 있다면 자신의 마음 상태에 집중하는 것만으로도 바쁜 상태이기 때문에 대화에서 편안한 경청을 할 수 없을 뿐만 아니라 대화 자체가 잘 진행되지 않을 것이다.

그렇기에 경청 상황을 마주하게 된다면 우리는 먼저 자신의 마음 상태를 점검해 보아야만 한다. 물론 우리의 마음이 완전한 평온 상태에 이르기는 어렵다. 우리는 늘 크고 작은 여러 고민들을 가지고 상념에 사로잡혀 산다. 이는 필연적이다. 하지만 우리는 이러한 것들이 순간적으로 불쑥불쑥 튀어나오지 않도록 조절할 줄 알아야 한다. 적어도 일정 시간 동안은 평온한 상태를 유지할 수 있어야 한다.

특히 경청하는 사람에게는 이러한 상태를 최대한 길게 유지하는 것이 중요한데 이 상태를 유지하는 방법 중 하나는 상대방의 말에 주의 집중하는 것이다. 상대방의 말에 온전히 주의 집중을 하게 되면 몰입의 흐름 속 평온한 마음상태에서 화자의 말을 자신의 마음 한 구석에 놓여 있는 다양한 감정들과 섞지 않고 있는 그대로 들을 수 있다. 그리고 경청의 몰입 상태에 있을 때 우리는 상대방을 진정으로 이해하게 된다.

하지만 이러한 상태를 오래 유지하기란 굉장히 어려운 일이다. 화자의 말 중 경청하는 청자의 마음을 살짝이라도 흔드는 단어나 문장이 있다면 청자의 마음 한 구석에 놓여 있던 감정들이 활성화되어 청자가 간직한 평온한 마음을 휘저으며 온전히 경청하는 것을 방해한다. 이러한 마음을 가라앉게 하는 방법은 '마음 챙김 경청mindful listening'을 하는 것이다.

마음 챙김 경청은 우리의 마음 상태를 있는 그대로 바라보면서 내면에 있는 감정의 소용돌이를 객관적으로 느끼고 그냥 스쳐 지나가도록 하는 것인데 예를 들어 우리가 바닷가 한복판에 들어가서 서 있다고 생각해 보자. 파도가 우리를 삼킬 것 같기도 하고 우리 몸을 휘감는 바다가 무섭게만 느껴질 것이다. 그러나 그 물에서 나와 노을 지는 석양의 바닷가를 객관적으로 바라보면 그 파도가 잔잔하게 보이기도 하고 때로는 아름답게 보이기도 한다. 마음 챙김 경청은 이러한 것이다.

우리가 우리의 마음을 객관적으로 바라보면 감정이 어느새 살아나서 있는 것처럼 보이지만 "아, 내 마음이 이렇구나!" 하고 객관적으로 생각하면 어느새 감정은 다른 곳으로 흘러간다. 그러면 우리는 평온한 상태에 놓이게 되고 말하는 사람에게 주의집중 경청을 할 수 있게 되며 평온한 상태에서 말을 할 수 있게 되는 것이다.

지금까지 경청 확장을 위한 방법으로 경청과 말하기를 살펴보았다. 경청에서의 말하기는 일반적으로 스피치를 잘하는 것과는 다르다. 경청을 더욱 확장·심화시키는 방법이며 청자로서 말을 함으로써 화자의 생각을 표현하게 하고 그 과정을 통해 화자의 마음을 더욱 깊게 이해하고자 하는 것이다. 여기에서 언급한 '먼저 듣고 말한다', '간결하게 말한다', '천천히 말한다'와 '평온하게 말한다'는 것은 기본적으로 경청을 하면서 말하는 데에 적용할 수 있는 것이다. 이 과정을 통하여 경청을 깊이 있게 확장하는 것은 아주 중요한 일일 것이다.

경청과 질문하기

질문은 질문하는 것 자체로서 중요하지만 경청과정에서 질문을 하는 것은 상대방의 이야기를 더욱 깊이 있게 듣기 위함에 그 의의가 있다. 경청에서의 질문은 상대방이 말하고자 하는 바를 더욱 깊이 있게, 풍부하게 하도록 하는 데 사용된다.

질문은 두 가지 방향에서 이루어진다고 할 수 있다. 하나는 자기 자신에게 향하는 질문이고 다른 하나는 타인에게 향하는 질문이다. 경청이 자기 자신으로부터 듣는 경청과 타인으로부터 듣는 경청 두 가지 형태가 있는 것과 같은 맥락이다. 다만, 모든 경청 과정마다 질문이 필요한 것은 아니다.

상대방과의 모든 대화 과정마다 질문을 한다면 대화가 효과적으로 진행되지 않을 것이다. 또한 상대방은 경우에 따라서 자기 자신이 심문받는다고 생각할 수도 있다. 그러므로 경청에서 질문은 잘 해야 하지만 우선 질문의 목적을 이해하고 적재적소에 할 수 있는 것도 중요하다. 질문의 목적은 상황에 따라 다르지만 일반적인 사항들은 다음과 같다.

| 질문의 기본전제

질문은 기본적으로 사람과 사물 그리고 환경에 대한 호기심을 바탕으로 한다. 자신과 대화하는 사람에 대하여 호기심이 없을 경우 질문할 필요성을 느끼지 못하며 그 사람의 이야기에 흥미를 가지기도 쉽지 않다.

반대로 대화하는 사람에 대해 호기심을 가진다면 자연스레 그 사람의 말에 더욱 더 귀 기울이게 되어 보다 명확한 경청이 가능해지고 나아가 질문을 통하여 더 깊은 내용을 들을 수도 있다. 사람은 타인이 자신에 대해 호기심을 가지고 적절한 질문을 한다면 그 질문에 대해 본래 답변할 내용보다 더 많은 내용을 말하기도 한다.

적절한 질문을 한다는 것은 '제가 당신에게 관심이 있어요'라고 말하는 것과 같기 때문이다. 우리는 타인이 지나치게 많은 질문과 적절치 않은 질문을 하지 않는 이상 자신에게 관심을 가지고 있는 것을 싫어하지 않는다. 이렇듯 질문은 우리가 생각하는 것과는 다르게 상대방을 긍정적으로 만들기도 한다.

질문에 대한 기본전제는 '예의바르게' 하는 것이다. 경청하는 과정에서의 질문은 어느 면에서는 대화를 중단시키는 좋지 않은 결과를 가져 온다. 그러므로 경청과정에서의 질문은 간결하면서도 상대방이 불쾌하게 느끼지 않게 하는 것이 중요하다.

그러기 위해서는 경청하는 입장에서 우선 상대방의 말을 주의 깊게 들어야 하며 그 과정에서 핵심적인 내용에 대해 보충이 필요하다면 상대방의 말을 방해하지 않는 선에서 적절한 질문을 해야 한다. 이렇듯 경청과정에서의 질문은 대화를 생산적으로 발전시키기도 하고 중단시키기도 한다. 그러므로 경청과정에서의 질문은 '호기심'과 '예의바름'이 전제되어야 하는 것이다.

| 질문의 목적

질문은 자기 자신과 다른 사람의 생각이 진행되는지를 알기 위하여, 그리고 그 과정을 통하여 생각을 명료하게 하고 메시지를 명확하게 하기 위하여 한다. 질문의 또 다른 목적은 질문을 통해

다른 사람으로 하여금 그들의 생각, 아이디어 그리고 감정들을 공유하고 그 과정에서 더 많은 정보를 얻기 위함이다.

사람들은 보편적으로 자신의 생각을 즉시 나타내지 않는 경향이 있다. 사람들은 기본적으로 모두 개인적인 욕구를 가지고 있지만 본인의 내면 깊숙한 욕구를 표현하는 것을 꺼려한다. 따라서 이러한 상황에서는 질문을 통하여 그 사람의 내면의 욕구를 이해하는 것이 필요하다.

또한 질문은 대인관계에서 문제 해결이나 갈등을 조절하는 데에 사용되기도 하고 경청 시 상대방으로 하여금 '내가 잘 듣고 있습니다.'라는 신호를 보내주는 역할도 한다. 이렇듯 질문의 목적은 다양하다. 올바른 질문은 무작정 물어보는 것이 아니라 상황과 목적에 따른 효과적인 질문이다. 따라서 대인관계에서 질문을 할 때에는 먼저 그 상황에서 질문의 목적이 무엇인가를 생각해 보는 습관이 필요하다.

| 질문하기 싫어하는 이유

사람들은 질문하기를 어려워한다. 사람들이 질문하기를 어려워하는 이유를 몇 가지만 살펴보도록 한다.

첫째, 질문하기를 어려워하는 사람들은 '이런 것을 질문하면 날 바보로 알겠지?'하고 생각한다. 자신이 생각하기에는 너무 쉬운 질문일 것이라 먼저 판단하고 질문을 하지 않는 것이다. 그러나 질문을 하는 것은 자신이 잘 모르기 때문에 하는 것으로서 쉽고 어렵고가 없다. 경우에 따라서 자신은 매우 쉽다고 생각하고 하는 질문이 질문을 받은 사람에게는 하나의 좋은 아이디어를 떠올리게 하는 계기가 될 수 있다. 따라서 자신이 잘 모르는 사항에 대해서는 스스로 생각하기에 너무 쉬운 질문이라고 해도 질문을 하는 것이 중요하다.

둘째, 질문하기를 어려워하는 사람들은 '답을 알고 있는데 질문할 필요가 있을까?' 하고 생각하는 경향이 있다. 그러나 자신 스스로 질문에 대한 답을 알고 있다고 생각하는데 실제 질문을 받은 사람이 내 놓은 답변이 자신이 안다고 생각했던 것과 상당히 다른 경우도 많다. 질문을 하는 사람과 답변을 하는 사람은 서로 다른 사람이다. 우리가 안다고 생각하는 것은 우리 스스로 생각을 제한시키는 것으로서 자신이 안다고 생각하는 것은 모든 지식의 일부분일 수도 있다. 경청과정에서 이러한 추론을 스스로 하는 것은 다른 사람의 생각을 미리 알고 있다고 전제하는 것이고 이러한 일들이 되풀이될 경우 스스로 다른 사람의 의견을 주의 깊게 듣지 않고 쉽게 판단을 하게 될 것이다. 이것은 경청에서 주의해야 할 일이다. 만약 대화 상대방이 화자로서 의견을 충분히 말하지 않았다고 생각하는데 청자 스스로 결론을 짓고 대화를 전개시켜 나간다면 화자는 그 대화 자체에 불만을 가질 수 있다. 따라서 경청과정에서 답을 알고 있다 생각될지라도 한 번 정도는 질문을 통하여 상대방의 답변을 듣고 그 답변이 자신이 알고 있는 것과 어느 정도 일치하는지를 판단할 필요가 있다. 최초의 질문에 대한 답변이 자신이 알고 있는 것과 일치할 경우 다른 사항들도 어느 정도는 일치할 것이라는 추론이 가능하다.

셋째, '내가 할 질문이 아닌 것 같아.'라는 생각이 드는 경우이다. 이러한 상황은 보통 일대일이 아니라 그룹 대화를 할 때 주로 나타난다. 그룹 대화에서는 질문을 다른 사람에게 미루는 경향이 있다. '내가 질문을 안 해도 다른 사람이 하겠지' 하는 생각으로 질문을 하지 않는다. 그러나 모든 사람들이 다 똑같은 생각을 하고 있다면 결과적으로는 아무도 질문을 하지 않은 채 상황이 끝날 것이다. 그룹 대화에서는 모든 사람이 다 똑같이 듣는 것은 아니다. 각자 다른 관점에서 듣기 때문에 그 과정에서 궁금한 것이 있을 수 있다. 그러나 '질문을 할 경우 다른 사람이 어떻게 생각할까?' '괜히 이런 질문을 했다가 골치 아플지도 몰라', '늘 있는 일이니 짚고 넘어가지 않아도 돼.'라는 생각으로 시간을 끌다가 질문을 잊어버리는 수가 있고 아니면 아예 질문을 하지 않는다. 이렇듯 질문을 어려워하는 이유에는 여러 가지가 있다.

| 질문의 효과

질문의 효과 몇 가지를 살펴보면 다음과 같다. 먼저 추측한 것을 확인하고자 하는 경우와 모호한 메시지를 명확하게 하려는 경우에 도움이 될 수 있다. 이해가 안 되는 모호한 상태에서 계속하여 이야기를 듣는 것은 결국에는 맥락 전체를 이해하지 못하는 결과를 초래할 수 있다.

또한 대화 내용에서 사실과 증거를 찾는 경우에도 질문은 매우 유용하다. 주의 깊은 경청을 통하여 사실과 증거를 찾을 수도 있지만 적절한 순간에 질문을 통하여 사실과 증거를 찾을 수도 있는 것이다. 뿐만 아니라 서로가 생각하는 감정들을 일체화하는 경우에도 질문은 도움이 된다.

대화 과정에서 화자와 청자가 서로 이해하면서 감정을 공유하게 되면 공감적 경청으로 발전하게 되는데 이때 솔직한 감정으로 하는 질문은 서로를 이해하는 데 도움이 된다. 그리고 언어적·비언어적 피드백을 제공하는 경우에도 질문이 중요하다.

피드백 제공 시에도 간간히 동의를 구하는 질문을 하면서 피드백을 한다면 더욱 효과적일 것이다. 그러나 경청과정에서 질문이 효과를 발휘하는 것과 반대로 항상 질문이 긍정적인 효과를 가지는 것은 아니다. 때때로 질문이 역효과를 내는 경우도 있다.

상대방의 의도나 아이디어 등을 판단하기 위해 너무 빠르게 질문함으로써 상대방의 생각의 폭을 넓힐 수 있는 기회를 박탈한다거나 다른 사람을 간섭하기 위하여 질문을 하는 경우, 부정확한 추론과 관찰을 하여 질문하는 경우, 개인적 편견을 가지고 질문하는 경우나 대화 과정에서 분명 서로 생산적인 결과를 가져올 수 있음에도 불구하고 서로 의견이 다르다고 하여 형식적인 질문을 하는 경우 등이 그 예이다. 너무 많은 질문을 하는 것도 분명 효과적이지 못하다. 우리는 적당한 양의 적절한 질문을 통해 경청의 깊이를 넓혀야 한다.

질문의 구조와 유형

경청과정에서 질문은 간단히 하는 것이 중요하다. 또한 질문을 하는 방법에 있어서도 일정한 구조를 이해하는 것이 중요하다. 사이먼 사이넥Simon Sinek은 "지금 왜라고 물어라"라고 하면서 질문에 대한 3차원 골드서클 'why-how-what'을 제기하였다.[25] 그는 이 골드서클에서의 '왜' 질문은 명료함을 파악하고 무엇을 위해 존재하는가에 대한 질문이며, '어떻게'의 질문은 원칙 파악 및 어떤 기준에 따라 행동할 것인가에 대한 질문이고, '무엇을'의 질문은 일관성 및 무엇을 하고 무엇을 하지 않을 것인가에 대한 질문이라고 하였다. 즉, 모든 것은 '왜'라는 질문에서부터 시작되며 이렇듯 질문을 '왜', '어떻게', '무엇을'이라는 단순한 구조를 가지고 체계적으로 하는 것이 중요하다.

워렌버거Warren Berger는 질문을 하는 것이 아름다운 것이라고 하면서 질문의 구조로서 'why' 'what if' 'how'를 말한 바 있다.[26] 워렌버거도 사이먼 사이넥과 같이 질문을 '왜'에서부터 시작하고 5개의 '왜'를 넓게 질문하는 것에서부터 좁게 질문하는 것으로 전개하라고 하는데 우리는 '왜'라는 질문과정과 질문에 대한 대답이 어떤 중요성을 갖고 있는지 생각해 볼 필요가 있으며 질문의 답을 통해 패턴 인식을 찾아낼 수 있다. 우리는 대화 상대방의 말을 들을 때 특정 단어를 듣는 동시에 상대방의 단어 및 문장 사용에 대한 일정한 패턴을 찾아 볼 수 있다. 우리가 말을 하는 경우 목소리의 리듬에는 상승과 하강이 있고 서로 교차하거나 갈라지기도 하고 강세를 띠는가 하면 당김 음도 있는 등 다양한 패턴이 존재하는데 이는 우리가 말하는 것들이 인지적인 측면도 있지만 일정한 정서적 마음 상태를 표현하는 것과 동시에 행동하는 행위를 표현하는 것 등 다양한 요소들을 포함하고 있기 때문이다. 즉, 말 속에는 언어적인 요소 외에도 다양한 요소들이 내포되어 있다는 것을 알 수 있다. 'what if' '만약 ~라면 어땠을까?'의 질문은 상상하는 단계, 모든 것이 가능한 때에 질문하는 단계이다.

이 질문은 넓은 효과를 가지고 있다. 실제 현실과는 다른 측면을 볼 수 있게 해 주고 이 세상에 없는 것을 소개하기도 하며 창조적인 질문을 하게 하여 생각을 결합시키기도 한다. 예컨대 '만약 우리가 음악의 DNA를 지도로 만들었다면 어땠을까?', '만약 내가 이 문제를 풀기 위하여 다른 아이디어들을 결합했다면 어땠을까?', '만약 내가 이것을 수행하는 데에 있어 다른 방법을 택했으면 어땠을까?', '만약 우리가 실패하지 않았다면 어땠을까?', '만약 우리가 생각만으로 자동차를 통제할 수 있는 다른 방법을 알아낸다면 어떨까?' 등 실제 현실에서는 가능하지 않지만 우리가 상상할 수 있는 모든 요소들을 질문할 수 있다.

그리고 마지막으로 '어떻게' 질문은 앞의 '왜'와 '만약 ~한다면 어떨까?'라는 질문에 대한 구체적인 방법을 찾아가는 질문인 것이다. 다만 '어떻게'라는 질문은 구체적인 방법에 대한 질문이므로 그 답을 찾기까지는 많은 시간이 필요하다. 왜냐하면 구체적인 방법을 생각하는 것, 실제적으로 눈에 보이도록 형상화하는 데 필요한 요소들을 확보하고 적용시키는 것에는 많은 시간이 걸리기 때문이다. 따라서 '어떻게'라는 질문은 일을 구체적으로 만들어 가는 과정에서 수시로 반복해서 하기도 한다.

우리는 기본적으로 질문을 할 경우 5w 1h(why, what, when, where, which와 how)를 사용하지만 우리가 어떤 목적을 가지고 질문을 하고자 할 때는 위의 두 가지 기본적인 구조인 '왜' '어떻게' '무엇'이라는 구조와 '왜' '만약 ~라면 어떨까' '어떻게'라는 구조를 적절히 활용하여 사용하는 것이 효과적이다. 그 후 5w 1h를 추가하여 사용한다면 질문의 구조를 더 적절히 활용할 수 있을 것이다.

질문의 유형과 관련하여서는 기본적으로 4가지 유형이 있다. 폐쇄형 질문은 간단하고 직접적이며 구체적인 답을 원할 때 하는 질문 유형인데 예컨대 "너는 누구에게 전화했니?" 하고 묻는 질문이다. 개방형 질문은 상대방에게 다양한 답변을 유도할 때 사용하며 "네가 만나는 사람을 어떻게 생각하니?"와 같은 질문 유형이다. 다른 유형으로는 유도형 질문이 있는데 이것은 상대방의 일정한 답을 기대하며 질문을 하는 방식이며 이 질문은 들은 정보에 편견을 가지게 한다. 예컨대 "어제 보았던 그 영화 참 재미있지 않아?"와 같은 질문이다. 조사형 질문은 구체적인 화제에 대해 부연 설명하도록 상대방을 이끄는 질문으로서 여러 유형이 있다. 조사형 질문은 상대방이 처음에 불완전하거나 피상적인 답을 했을 때 하면 특히 유용하다. "너의 입장에 대해 어떻게 결론을 내렸니?"와 같은 질문 유형이다.

이러한 질문 유형을 기초로 하여 마이클 마쿼트Michael J. Marquardt는 질문의 단계를 제시하였다.[27] 첫 번째 단계는 말문 열기로 상대방을 편안하게 하고 말문을 열려면 격의 없는 질문을 하는 것이 좋다는 것이며, 두 번째 단계는 준비 단계로서 대화의 내용과 배경을 설명하면서 질문의 틀을 짜는 단계이다. 세 번째 단계는 질문하기 단계인데 위에서 설명한 4가지 질문 유형을 상황에 맞게 적절하게 활용하여 질문을 전개시켜 나가고 이 경우 오직 상대방과 질문에만 집중해야 한다. 마지막 네 번째 단계는 경청하는 단계이다. 질문의 효과를 극대화하려면 경청하는 능력이 뛰어나야 한다는 것이다. 즉, 마이클 마쿼트Michael J. Marquardt는 질문 단계에서 경청의 중요성을 언급하였는데 이것은 경청을 잘 하는 것이 더욱 효과적인 질문을 위해 필요한 것임을 강조한 것이라고 할 수 있다. 이와 같이 질문의 유형과 과정 역시 기본적인 구조를 가지고 있는 것을 이해해야 한다. 경청과정에서 질문은 필연적이다.

경청과 자기주장하기

일반적으로 '경청'이라는 것을 상대방이 말하는 것을 주의 깊게, 그리고 예의바르게 '듣는 것'이라고 생각한다. 물론 이는 경청에서 기본적인 행동이다. 그러나 실제 경청을 하는 모든 대화 상황에서 일방적으로 들을 수만은 없는 경우도 많다.

듣는 입장인 '청자'는 대화 상대방인 '화자'의 말이 끝나면 본인의 '청자' 입장은 끝나고 다시 '화자'로서 말을 한다. '청자'가 '화자'로 입장이 바뀐 경우에는 대화의 내용에 따라 그 상황을 종결짓거나 무엇인가 확실하게 자신의 주장이나 의견을 말해야 하는 경우가 있는데, 이때 분명하게 자기의 주장이나 의견을 말하는 것을 '단언적 자기주장'이라고 한다.

단언적 자기주장은 단어가 주는 이미지 때문에 마치 강하게 자기주장을 하는 것처럼 보이지만 사실은 그렇지 않다. 단언적 자기주장은 스스로를 자신 있게 표현해 내는 행동을 말한다. 단언적 자기주장은 경청과정에서도 특히 '반응'과 연계되어 있는 매우 중요한 단계이다. 앞에서 살펴보았지만 경청과정 마지막 반응단계에서 청자가 행동으로 나타내는 반응이 있는데, 이 단계에서 단언적 자기주장이 나타날 수 있다.

경청과정에서는 예컨대 상대방의 말을 듣고 머리를 끄덕이거나 눈을 마주치거나 미소를 짓거나 하는 비언어적인 반응과 상대방의 말에 동의하면서 맞장구치거나 하는 언어적인 반응, 상황에 따라 긍정적인 반응과 부정적인 반응이 나타나기도 한다. 우리는 종종 너무 과도하게 반응하면 상대방에 대한 실례라고 생각하여 특정 반응을 어느 정도 억제하는 부분도 있다. 예를 들어 "혹시 내가 부정적인 반응을 보인다면 상대방이 나를 어떻게 생각할까?"라는 생각에 일부 부정적인 생각이 있더라도 그것을 쉽게 말하지 않는다.

단언적 자기주장은 이러한 것과는 다른 것이다. 단언적 자기주장은 주의 깊은 경청을 통하여 화자인 상대방이 말하는 내용을 충분히 이해한 후에 그 상황에서 꼭 필요한 말을 자신 있게 표현해 낸다.

자기주장의 기본 전제

단언적 자기주장에는 몇 가지 고려할 사항들이 있는데 대화 상황에서 우리가 놓여 있는 환경적인 요인과 우리의 신체적·정신적 상태이다. 클라우드와 타운센드Cloud & Townsend는 이러한 상황을 '경계선'이라고 표현하였다.[28] 이는 우리가 자기주장을 하는 상황을 어떻게 인식하고 표현할 것인지를 결정짓는 일종의 한계선이라고 할 수 있다.

단언적 자기주장을 하기 위해서는 일단 자기 자신을 명확하게 인식하는 것이 중요하다. 클라우드와 타운센드Cloud & Townsend는 우리가 인식해야 할 경계선을 크게 3가지로 정리하고 있다. 첫째, 신체적인 경계선이다. 이것은 어떤 환경에서든지 신체적으로 접촉할 수 있는 경계선을 의미한다. 신체적 경계선을 설정할 경우 우리는 대화 상대방이 이 경계선을 넘는다면 단언적 자기주장을 할 수 있다고 생각한다. 이것은 인류학자 에드워드 홀Edward Hall이 비언어적인 것으로서 공간적인 요소를 가지고 대인관계 상황을 말한 것과도 유사하다. 모든 사람에게는 각자만의 프라이버시 영역으로서 개인적인 공간이 있다. 두 사람 간에 수용되는 공간의 크기는 키, 무게, 문화적인 배경과 두 사람 사이의 관계 등에 달려 있다. 에드워드 홀은 이러한 관계를 친근한 관계, 일상적인 관계, 사교적인 관계 및 공적인 관계로 구분하였다.[29] 이러한 공간적인 측면에서의 대인관계는 단언적 자기주장에서의 신체적인 경계선의 개념과 비슷하다고 할 수 있다. 둘째, 정신적인 경계선이다. 정신적인 경계선 안에서 우리는 스스로 자유로운 생각을 하는데 다른 사람이 우리의 자유로운 생각을 방해한다면 우리는 그 부분에 대해서는 단언적인 자기주장을 할 수 있다. 셋째, 정서적인 경계선이다. 정서적인 경계선은 우리가 우리 스스로의 감정을 인식하고 취급하는 공간이다. 다른 사람이 이 공간을 침범할 경우에 우리는 단언적 자기주장을 할 수 있다.

경계선에 대한 인식은 우리가 경청과정에서 대화를 할 때 부분적으로 갈등을 일으킬 수 있다. 일반적으로 화자의 말하는 속도가 청자가 생각하는 속도보다 느리므로 성격이 급한 청자는 화자의 속도를 참지 못하고 중간에 말을 중단시키면서 자신의 의견을 말하거나 결론을 미리 내기도 한다. 이런 상황을 극복하기 위해서 우리는 우리 스스로 가지고 있는 경계선을 유연하게 활용할 필요가 있다. 대인관계에서의 우리의 신체적인 경계선, 정신적인 경계선 그리고 정서적인 경계선은 고정불변하는 것이 아니라는 인식을 해야 하고 우리 스스로가 어느 정도까지 경계선을 넓힐 수 있을지를 생각해 볼 필요가 있다. 기본적으로 우리는 경청을 통하여 상대방의 정보를 받아들이고 나아가 깊은 생각을 듣기 위해서 우리의 경계선을 매우 넓게 확장할 필요가 있는데 이러한 경계선의 확장 수축은 상황에 따라 유연하게 적용해야 한다.

▮ 단언적 자기주장의 목적

단언적 자기주장의 목적은 경청하는 입장에서 명확한 의사전달을 하는 데 있다. 단순 말하기나 상대방의 의견을 무조건 받아들이는 입장이 아니므로 자신의 입장을 분명하게 전달하여 상대방이 경청하는 사람의 의견을 명확하게 인식하고 그 입장을 이해하도록 하는 것이다. 경우에 따라서는 청자의 의견이 화자에게 수용되지 않을 수도 있다. 그러나 그러한 문제를 넘어서서 만약 그 순간에 청자로서 자신의 의견을 명확하게 전달하지 않을 경우 그 이후에도 마음에 그것을 담아두고 늘 생각하게 될 것이다. 따라서 단언적 자기주장의 목적은 자신의 의견을 화자에게 전달하기 위함에 있기도 하지만 한편으로는 청자 자신에게도 마음의 후회를 남겨두지 않도록 하기 위함이기도 하다.

▮ 단언적 자기주장의 효과

단언적 자기주장을 효과적으로 할 경우 대인관계 기술이 향상되고 다루기 힘든 상황에 대해 유연하게 대처하여 스트레스를 제어할 수 있다는 장점이 있다.

자신이 마음속으로 정말 해야 할 말을 하지 않았을 경우 시간이 지난 후에도 그 생각이 나고 "왜 그 순간 내가 꼭 해야 할 말을 하지 않았을까?" 하는 생각이 일종의 스트레스로 작용하는 경험을 모두 해보았을 것이다. 그러나 정확하게 자신의 의견을 표현했을 경우에는 그것이 상대방에게 수용되었는지 여부와 관계없이 표현을 하지 못해 받는 스트레스는 없다.

또한 경청과정에서 단언적 자기주장은 효과적인 의사소통과 관련이 있다. 만약 화자가 청자의 마음을 이해하지 못한 상태에서 자신의 이야기만을 일방적으로 하는 경우에 청자가 중간중간 단언적 자기주장을 효율적으로 한다면 화자는 경청하는 사람의 마음을 이해하여 불필요한 말을 생략하고 서로를 이해하는 방향으로 대화를 진행할 수도 있기 때문이다. 이렇듯 단언적 자기주장은 단지 상대방의 말을 중간에 끊고 무례하게 자기주장을 하는 것이 아니라 어디까지나 예의바르게 경청하는 사람으로서 자신의 주장을 명확하게 전달하는 것이므로 대화의 본질을 훼손시키지 않는다.

| 단언적 자기주장의 방법

단언적 자기주장을 효율적으로 하기 위해서는 체계적인 방법에 기초한 일정한 연습이 필요하다. 자기주장의 과정에서는 본능적으로 말을 하는 것이 아니라 인식적인 과정을 거치는 것이 중요하다. 그러므로 일종의 학습과정이 필요한 것이며, 상황에 따른 조절 작용이 필요한 것이다. 효과적인 자기주장을 하기 위한 방법에는 '준비단계'와 '나 표현법', '비난에 반응하기', '자기주장의 한계를 인식하기' 등이 있다.

준비단계 |

　단언적 자기주장에는 준비단계가 필요하다. 이는 엄밀히 말하면 단언적 자기주장 자체의 준비단계라기보다는 대화에 임하는 준비단계이다.

　대화는 긴장을 풀고 평온한 상태에서 주의집중하며 해야 한다. 스스로 긍정적인 생각을 하고 상대방에게 호기심을 가지게 되면서 대화에 몰입을 하게 되는데 어느 순간 질문이나 자기주장이 필요하다는 생각이 스쳐지나가게 된다. 바로 이 순간 자기주장을 자연스럽게 할 수 있는데 이와 동시에 내가 자기주장을 할 수 있는 대화과정인지 할 수 없는 대화과정인지를 판단해야 한다.

　왜냐하면 우리는 대화과정을 '흐름'으로 파악하고 있기 때문이다. 그 순간 자기주장을 하는 것이 대화의 흐름에 방해될 것이 명확한 경우라면 다음 순간을 기다려야 할 것이다. 이렇게 적절한 자기주장 순간을 기다리면서 화자의 이야기를 듣다보면 처음에 자기주장을 하고자 했던 사항들이 대화 과정에서 자연스럽게 해결되기도 한다.

　이러한 준비단계가 없다면 자기주장을 해야 한다는 생각에 집중하여 불쑥 자기주장을 하게 될 것이다. 그럴 때는 자신도 모르게 강하게 자기주장을 하게 되며 결과적으로는 대화가 효과적으로 진행되지 않는다.

'나 표현법'

　단언적 자기주장의 방법으로 '나 표현법'이 있다. '나 표현법'이란 "나는 …가 필요하다.", "나는 …할 때 상처를 받는다.", "나는 …하지 않을 것이다.", "나는 …할 경우에만 …를 할 것이다." 등 자신을 주어로 하여 자신의 감정을 솔직하게 표현하고 그것에 기초하여 행동을 하되 상황에 맞게 유연하게 하는 것을 말한다. 이러한 '나 표현법'은 명확하게 말하고자 하는 것에 초점을 맞춘다. 이는 방어적인 자세를 최소화하는 것이며 자신이 대화한 내용을 명확하게 인식하고 그 기초 위에서 자신의 의견을 제시하였다는 것을 의미한다. 이러한 '나 표현법'은 상대방을 비난하고자 하는 의도가 아니므로 상대방도 방어적인 자세를 취하지 않도록 해 준다.

　'나 표현법'의 몇 가지 예시는 다음과 같다.

- 나는 이 문제를 조금 더 조사해 봐야 한다고 생각합니다.
- 나는 이 디자인은 수정하여야 한다고 생각합니다.
- 맞습니다. 말씀하신 사항을 실행하여야 한다고 생각합니다. 그러나 나는 지금은 하고 있는 일에 집중해야 합니다.
- 그래요. 나는 당신이 한 말을 이해합니다. 그러나 나는 지금 당신이 무례하게 말을 해서 화가 납니다.

비난에 반응하기

　단언적 자기주장이 이루어지는 상황에서는 그것을 받아들여야 하는 상대방이 비난을 하는 경우가 발생하기도 한다. 이 경우 경청하는 사람으로서 자기주장이 옳다고 생각되더라도 비난에 대하여 즉각적으로 반응하기보다는 우선적으로 상대방의 이야기를 들어보아야 한다. 상대방이 왜 그렇게 반응하는지를 이해하도록 노력하고 상대방의 마음이 가라앉은 상황에서 다시금 천천히 대화를 이어나가도록 한다. 이때 특히 중요한 것은 상대방이 감정적으로 비난하더라도 같이 감정적으로 대응하여서는 안 된다는 것이다.

모든 사람들이 다 같은 감정을 가지고 있을 수는 없다. 대화 자체가 공통의 인식을 바탕으로 이루어지고 그 과정에서 서로가 감정의 일정 부분을 공유한다고 하더라도 본질적으로는 다른 것이다. 경청하는 태도는 '상대방의 입장에서 이해하는 것'이므로 진정으로 경청하는 사람은 순간적으로 비난을 받더라도 같은 반응을 하지 않는다.

자기주장의 한계 인식하기 |

단언적 자기주장을 하는 상황이 항상 가능한 것은 아니다. 자기주장에는 일종의 경계선이 있고 그 경계선은 유동적이다. 자기주장을 할 경우 우리는 필히 이 경계선을 확인해야 한다.

앞서 우리는 경청과정이나 경청행동 시 경청 상황을 제약하는 요인이 있다는 것을 살펴본바 있다. 자기주장 역시 그러한 요인들에 의하여 제약을 받는다. 특히 자기주장은 대화 과정에서 상대방을 앞에 두고 하는 것이므로 무엇보다도 심리적인 측면에 더 영향을 받으며 따라서 단언적 자기주장을 할 때에는 현재 이 순간 자기주장을 하는 것이 적절한 것인지를 판단하는 것이 중요하다. 그렇지 못할 경우 자기주장을 뒤로 미뤄두어야 한다. 이 경우에는 스스로 결정하여 자기주장을 뒤로 미루어 놓은 것이므로 스트레스는 받지 않는다. 그러면서 다시금 대화 상황에 몰입해 본다.

기타 자기주장의 방법들 |

단언적 자기주장을 하는 방법에는 여러 가지가 있다. 효과적인 방법들로서 다음과 같은 방법들을 정리하고 사용해 보자.

- 시간과 장소에 신경을 쓴다.
- 대화 환경에 신경을 쓴다.
- 긍정적이고 칭찬하는 말로 시작한다.
- '나'를 주어로 한다.
- 정확하게 설명한다.
- 겁내지 말고 자신의 감정을 표현한다.
- 때때로 침묵을 이용한다.
- 자기주장이 효과적일 경우를 생각한다.
- 자기주장이 부정적일 경우를 생각한다.
- 자기주장을 할 수 없는 상황을 생각한다.
- 자신이 평소 자기주장을 긍정적으로 하는 모습을 상상한다.
- 호흡, 성량, 억양과 얼굴 표정, 몸의 자세 등을 안정적으로 한다.
- 항상 긍정적인 말로 마무리한다.

지금까지 경청의 확장의 개념으로서 말하기, 질문하기, 자기주장하기를 살펴보았다. 경청은 아무 생각 없이 기계적으로 듣기만 하는 것이 아니라 하나의 일련 과정이며, 적절한 단계에서의 말하기, 질문하기, 자기주장하기는 경청과정을 더 심화시키는 역할을 한다. 따라서 우리는 이러한 방법들의 특성을 이해하고 사용하는 법을 스스로 훈련하여 대화 시 적용할 수 있어야 한다. 물론 주의 깊게 경청하는 것만으로도 상대방의 신뢰와 수용을 높일 수 있지만 말하기와 질문하기, 자기주장하기를 통하면 한층 깊이 있는 경청이 가능하다.

　말하기, 질문하기, 자기주장하기는 경청과정의 반응 단계에서만 나타나는 것이 아니다. 경청과정의 매 단계에서 사용될 수 있으며 경청의 이해, 경청의 과정 그리고 경청의 행동을 통해 경청에 대한 기본적인 체계를 마련한 상태하에서 그것들은 정지된 상태가 아니라 순환적인 상태이다. 우리는 말하고, 질문하고 나아가 자기주장을 하면서 경청의 확장을 이루고 이를 통하여 화자 내면의 소리를 더욱 깊게 들을 수 있다.

제 5 장

경청의 상황과 실천

관계에 따른 경청

경청은 '관계'에 의하여 발생한다. 인간은 사회적 동물이며 우리는 일상생활에서 수많은 관계를 맺는다. 경청은 자신뿐만 아니라 타인과의 관계에 있어서도 매우 중요한 요소이다. 철학자인 지두크리슈나무르티J. Krishnamurti는 "문제는 세계가 아니라 상대방과의 관계에 있는 그대이며, 그것이 문제를 만들어 낸다. 그리고 그 문제가 확장이 되면 세계의 문제가 된다."라고 하며 상대방과의 관계에서 중요한 것은 바로 자기 자신이라고 말하였다.[30]

또한 크리슈나무르티는 일상에서 바라보고 느끼는 예민한 인식을 통해 스스로 변화해야 하며 이는 관계의 거울을 통해 관찰될 수 있다고 하였다.

이를 기초로 할 때 효과적으로 경청하는 방법을 이해하기 위해서는 무엇보다도 관계에 대한 이해가 전제되어야 한다. 경청은 우리가 관계 속에 놓여 있을 때에 가능한 인식 및 행동 작용이기 때문이다.

경청은 보통 일상생활에서의 관계적 활동을 통해 발생하는데 우선 청자는 관계 활동과정에서 상호작용 전후로 각 단계마다 필요한 경청을 한다. '상호작용 전'에는 듣고자 하는 마음과 개방된 마음을 가지고 자신의 생각을 잠시 배제시켜야 한다. '상호작용 동안'에는 경청 및 반응하고 피드백을 제공하며 상대방의 언어적·비언어적 단서 등에 주의를 기울이는 것이 필요하다. '상호작용 후'에는 성찰하는 마음으로 대화를 되돌아보고 자신이 대화 목적에 맞는 경청을 했는지를 생각해 보도록 한다.

관계적 상황에서의 경청은 상대방과 지속적으로 쌍방향의 대화를 이어갈 수 있게 하고, 각자의 깊은 내면세계에서 아직 표출되지 않은 이야기들을 꺼내게 함으로써 상호 신뢰를 형성하는 계기를 만들어 준다. 따라서 관계를 이해하는 것과 관계적 상황에서 경청을 실천하는 것은 효과적인 경청 방법으로서 매우 중요하다고 할 수 있다.

그렇다면 우리가 관계를 이해하고 관계적 경청을 이해할 경우 어떤 결과가 나타나는가? 뉴턴식 사고를 뛰어넘는 리더십의 새로운 패러다임인 '현대과학과 리더십'을 쓴 마가렛 휘틀리Margaret F. Wheatley는 양자역학의 세계를 언급하면서 다음과 같이 말하고 있다.[31]

"우리 중 누구도 다른 사람과의 관계에서 독자적으로 존재할 수 없다. 서로 다른 환경과 서로 다른 사람들은 우리에게서 어떤 자질을 환기시키기도 하고 또 다른 것들을 덮어두게 하기도 한다.

이러한 각각의 관계들 속에서 우리는 서로 다르며 어떤 의미에서는 새로운 존재다. 관계는 현재의 실체를 환기시킨다."

마가렛 휘틀리는 양자역학에 대한 것과 함께 관찰자에 따라 변하는 에너지의 파동을 설명한다. 물질은 관찰자에 따라 입자와 파동으로 나타난다. 우리는 입자나 파동을 모양이나 위치, 운동으로 측정할 수 있지만 두 가지를 동시에 측정할 수는 없다.

양자 세계에서 살기 위해서 우리는 다른 사람의 말을 더욱 잘 듣고 이야기하거나 다른 사람의 독특한 점을 존중할 필요가 있다. 이는 그것들이 강력한 관계 형성에 필수적이기 때문이다. "양자 세계는 우리가 서로 관계없는 개인이라는 개념을 무너뜨렸다. 거대한 생명의 망에 더욱 더 많은 관계가 우리를 위해 준비되어 있다."라고 마가렛 휘틀리는 말했다. 또한 마가렛 휘틀리는 "우리에게 맡겨진 과제는 물체가 어떻게 이동하여 응집력 있는 실체로 변하는가를 관찰할 수 있는 만큼 충분히 뒤로 물러서서 무수히 많은 조작들의 전체를 보는 것이다. 만일 우리가 표면 밑을 볼 수 있다면 우리는 거의 독립적으로 일어나는 사건들로부터 얽혀 있는 질서를 관찰할 수 있을 것이다."라고 하여 상호연결성을 말한다.

이렇듯 양자적 관점에서 생각한다면 우리는 관찰자로서 우리의 대화 상대방의 언어적·비언어적 표현들을 부분적으로 파악함과 동시에 그 속에 내재되어 일관되게 흐르는 맥락과 형태, 형상을 이해할 수 있다. 이러한 인식과 행동은 우리가 관계적 경청을 수행하는 관찰자로서 보다 깊게 대화 상대방을 파악하게 하고 나아가 우리가 서로 긴밀하게 연결되어 있다는 것을 알게 해 준다. 즉, 우리가 대화 과정에서 상대방의 말을 주의 깊게 듣고 지속적으로 타인과 소통하게 되면 우리가 상상한 것보다 더 깊이 그들 내면의 울림을 들을 수 있게 된다. 관계적 상황에서의 경청으로서 개인과 경청, 가정과 경청, 조직과 경청을 살펴보자.

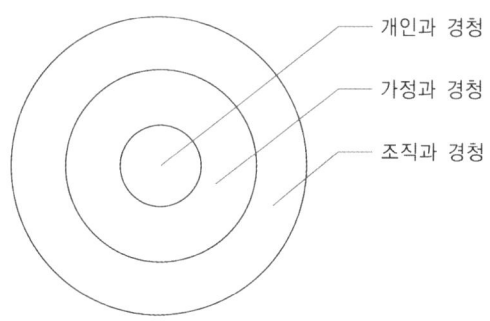

개인과 경청

대인관계는 '개인'에서 시작된다. 기본적인 의사소통 역시 '개인과 개인 간'에 나타난다. 이러한 개인과 개인 간의 경청은 얼핏 단순하다고 생각하기 쉽지만 실제로는 매우 복잡하다. 먼저 개인 간에는 '생각의 차이'가 존재한다. 개인마다 각각 살아온 환경이 다르므로 각자 다른 관점을 취하여 경청하고, 모든 것을 본인의 경험에 입각하여 생각하고 판단하려는 경향이 있다. 또한 개인 간 성격에 차이가 있는 것도 한 몫을 한다.

기본적으로 이러한 이유 때문에 개인 간의 경청은 어렵다. 그러므로 우리는 우리 개개인이 본인에게 더욱 관대하고 몰입하게 되는 경향이 있음을 인지하여야 한다. 그리고 타인과의 관계 속에서 결국 내 자신의 자아실현도 할 수 있다는 것을 이해하여야 한다.

그렇다면 개인 간의 경청은 어떻게 해야 할까? 대부분의 사람들은 타인에게 자신의 모습, 나아가 자신의 마음 깊은 곳에 있는 자신의 참모습을 보이는 것을 꺼려한다. 사회가 복잡해지고 공동체 의식이 점차 약해지는 요즘 같은 시대에는 더더욱 그렇다. 따라서 우리는 자신의 참모습은 감추면서 외부로는 또 다른 '나'를 나타내고자 하는데 이때 등장하는 것이 바로 '페르소나Persona'이다. 페르소나란 고대 그리스의 연극 배우들이 쓰는 가면에서 유래된 말로 본래의 얼굴은 감추고 겉으로 다른 얼굴을 내세우는, 외부에 드러내는 나의 모습을 일컫는 말인데 사람들과의 관계에서 나의 페르소나는 수시로 변할 수 있다. 페르소나는 내가 '나'로서 있는 것이 아니고 타인에게 보이는 '나'를 더 크게 생각한다는 특징을 가지고 있다.

즉, 페르소나는 가상의 자기 모습이다. 페르소나는 현대사회를 살아감에 있어 필수적이지만 페르소나가 너무 강해지다 보면 페르소나를 자신의 참모습이라고 생각하여 자신의 자아와 동일시하거나 페르소나와 자아를 아예 구별하지 못하는 경우가 생길 수 있다. 이럴 경우 진정한 자기 자신을 잃거나 페르소나를 벗게 되었을 때의 자기 모습에 괴리감을 느낄 수도 있다.

이러한 면에서 서로가 각자 강한 '페르소나'를 가진다면 형식적으로는 원만해 보일 수 있지만 그 대화의 당사자들은 대화에 만족하고 있지 못할 가능성이 높다.

현대 사회를 살아가는 데 있어 각자의 페르소나를 완전히 벗어버리고 순수하게 자신의 참모습으로만 살아가는 것은 결코 쉽지 않은 일이다. 우리가 우리 자신의 진정한 참모습을 알고, 진실된 관계를 맺기 위해서는 일정 어느 선까지는 자신의 페르소나를 벗고 대화를 할 필요가 있다. 대화 시 진정한 자신의 모습으로 상대방을 대하고, 이와 더불어 깊은 경청과 공감이 있다면 대화 상대방 역시 자신의 페르소나를 벗고 대화에 임할 것이다. 이는 결과적으로 '진실된 인간관계'를 형성하는 데 도움을 준다. 이러한 관점에서 개인 간의 경청에서는 '깊은 경청'이 중요하다. 깊은 경청은 상대방의 말속에 포함되어 있지만 명확히 드러나지는 않는 많은 정보를 받아들이고 그 안에 놓여 있는 진짜 의미를 파악하여 말하는 상대방의 마음을 이해하는 측면이 있기 때문이다.

사람들은 대화를 어느 정도 가진 후 상대방을 신뢰할 수 있겠다는 확신이 든 순간에야 비로소 자신의 속마음을 노출시킨다. 즉, 속마음의 노출은 한순간에 나타나는 것이 아니다. 단계적으로 대화 상대방에 대한 신뢰의 정도에 따라 마음의 노출 상태 또한 비례하여 증가한다.

우리의 대화 상대방은 우리가 보여주는 깊은 경청 태도나 행동에 대해 고마움을 느낄 것이다. 오늘날 많은 사람들은 자신의 문제에 푹 빠져 있기 때문에 상대방의 말을 형식적으로 듣는 경우가 많다. 사람은 누구나 존중받고 싶은 욕구가 있다. 누군가 자신의 말을 깊은 경청을 통하여 들어준다면 상대방이 나를 소중하게 생각하고 있고, 자신이 존중받고 있다는 생각을 하게 될 것이다. 이러한 과정을 통하여 신뢰가 생긴다. 이는 청자가 깊은 경청을 어느 정도 하느냐, 즉 깊은 경청 유무의 문제가 아니라 '진실한 마음'이 바탕이 된 상태에서 경청을 할 때 가능한 일이다.

다음에서는 개인과의 경청에서 몇 가지 경청 상황에 대해 살펴보고자 한다.

자기인식과 경청

경청은 성공을 위하여 습관적으로 실행해야 하는 중요한 기술이다. 남을 먼저 이해하고 자신을 이해시킨다는 점에서 경청은 결코 쉽지 않다. 남을 이해하기 위해서는 먼저 자신이 평정심을 가져야 한다. 자기 자신이 평정심을 가지지 못한 경우에 남을 이해하는 것은 심리적으로 어려울 수 있기 때문이다.

경청은 단순히 듣는hearing 것이 아니고 주의 깊게 듣는listening 것이므로 쉽지 않은 일이며 상당한 에너지가 소요된다. 그러므로 경청을 잘하기 위해서는 먼저 자기 자신의 몸 상태 그리고 에너지 상태에 대한 인식을 하는 것이 중요하다. 예컨대 다음과 같은 사항들에 대해 내가 어떤 느낌을 가지고 있는지를 확인할 필요가 있다.

- 들을 때 무엇을 중심으로 듣는지
- 오랫동안 경청을 할 경우 참고 듣는지 아니면 참지를 못하는지
- 경청할 때 주위 환경에 신경을 쓰는지 아니면 무신경한지
- 대화 시 사람 또는 주제나 내용에 호기심을 가지고 있는지
- 대화 시 감정적으로 듣는지 혹은 감정을 자제하면서 듣는지
- 경청하면서 반응을 적절하게 하는 편인지 아니면 반응 표현을 잘하지 않는 편인지
- 대화 상대방에 따라 집중하여 듣는 편인지 혹은 아무 편견 없이 듣는 편인지

이 외에도 자기 자신의 경청에 영향을 미치는 요소들인 믿음, 흥미, 관심, 태도, 가치, 기대, 현재 마음 상태 등에 대해 인식하도록 한다. 경청에 영향을 미치는 사항들에는 커다란 요인들도 있지만 일상 생활에서의 소소한 작은 일들도 있다. 경청을 잘하기 위해서는 위와 같은 사항들에 대해 자기 자신이 예민하게 반응하는지 혹은 무덤덤하게 반응하는지를 인식하는 것이 우선이다. 만약 자신이 잘 듣는 성격이라면 그러한 면을 발전시켜서 더 좋은 청자가 되기 위하여 노력하여야 하고 모자란 부분이 있다고 생각될 경우 대화를 시작하기 전 우선적으로 마음을 가다듬고 자신이 경청을 더 잘할 수 있도록 마음의 준비를 할 필요가 있다. 경청능력은 지속적인 훈련을 통하여 향상시킬 수 있는 것이므로 경청하는 마음가짐, 태도 등에 대해 꾸준히 훈련을 하도록 한다.

자기인식은 대화 시 집중력을 높여 주는 역할을 한다. 자기인식을 할 경우 기본적으로 대화에 임하는 태도나 마음가짐 등이 적정한 상태이므로 상대방의 말을 잘 듣고 집중할 수 있다. 그러한 태도는 상대방에게도 전달되고 상대방으로서는 청자를 신뢰하고 자신의 깊은 이야기도 할 수 있게 된다. 경청과정에서의 주의집중은

듣는 내용에 대해 깊이 있게 받아들일 것인가 아니면 단순 듣기 형식을 취할 것인가를 결정하게 해 주는 효과가 있는데 주의집중 경청을 할 경우 훨씬 더 명확하게 정보를 받아들일 수 있다. 자기인식은 감정적인 상태를 명확하게 하여 더 큰 감정적인 문제에 직면해서도 주의집중을 할 수 있게 도와주며 자기인식이 높을수록 상황이 긍정적인지 부정적인지와 상관없이 집중할 수 있다.

경청과정에서의 자기인식은 자신의 경청역량이 현재 어느 정도인지를 알게 해 주는데 스스로 본인의 경청과정에서의 강점과 약점을 파악해 약한 부분에 대해 특히 관심을 기울여 경청을 한다면 효과적으로 대화를 할 수 있다.

자신의 경청 태도를 파악하는 가장 쉬운 방법은 대화 상대방에게 직접 자신이 경청을 어떻게 하는지를 물어보는 것이다. 상대방에게 자신의 경청 능력을 물어보는 것은 분명 쉬운 일이 아니지만 상대방으로 하여금 청자가 진정으로 경청하고자 하는 마음이 있음을 보여주는 것이므로 한 번쯤은 시도해 볼 만하다. 타인을 통한 자기인식의 재점검은 타인이 객관적으로 평가하여 피드백을 해 주고 본인 또한 냉정하게 그 부분을 인지하게 될 때 더욱 섬세하게 자기인식을 하는 효과가 있다.

실제 경청 상황에서 직접 자신의 경청태도나 경청행동 등에 대해 피드백을 받은 부분에 대해서는 본인이 더욱 명확하게 인식하게 되어 이를 발전시켜 나갈 수 있는 것이다. 또 다른 면에서는 대화 시 자신이 경청하는 목적에 대한 명확한 인식과 더불어 경청과정에서 부분적으로 이해하고 있는 경청목적 이외에 다양한 경청목적이 있음을 이해하는 것이 중요하다.

예를 들면 친한 친구의 병문안을 가는 경우 '치유적·공감적 경청'이 주가 될 것이고 강연이나 협상에서 요구되는 '비판적 경청'은 거의 사용되지 않을 것이다. 따라서 자기인식을 높이기 위해서는 대화를 하기 전에 그 상황에 맞는 경청의 주된 목적에 대해 생각해 보아야 한다.

▍마음 챙김Mindfulness과 경청

경청을 잘하기 위해서 실천해야 할 것에는 명상과 마음 챙김Mindfulness 경청이 있다.

명상의 중요성과 효과성은 이미 너무나도 잘 알려져 있다. 명상은 마음을 안정시켜 주고 그 과정에서 우리의 생각을 정리해 주는 기능을 하므로 우리는 명상을 통하여 머릿속을 꽉 채운 각종 생각을 버리거나 정리하며 가볍게 해야 한다. 타인의 말을 경청할 때 우리는 우리의 생각과 타인이 말한 것을 연계하여 생각을 하게 된다. 만약 우리가 우리 자신의 생각으로 꽉 들어차 있다면 생각의 빈 공간이 없기 때문에 타인의 생각이 들어올 여지가 없을 것이다. 그래서 우리는 타인의 말, 즉 그의 생각을 받아들이기 위해 우리의 생각을 버리는 연습을 하여야 하는데 그 방법 중 하나가 명상인 것이다. 따라서 경청을 잘 하기 위해 아침에 약 15분 정도 명상을 하여 마음을 정리하고 저녁에 15분 정도 명상을 하여 하루 동안 사람들의 이야기로 꽉 채워졌던 머릿속의 생각들을 버리거나 정리하는 것을 추천한다. 이것은 매일매일 습관적으로 행해야 효과적이며 현대인들에게는 경청에서의 마음을 정리하는 것뿐만 아니라 정보의 홍수 속에서 자신을 정리하는 데에 꼭 필요한 일이라고 생각된다.

마음 챙김Mindfulness 경청은 정신적인 게으름과 무감각을 극복하기 위해 주의력과 지각수준을 높이는 방법이다. 마음 챙김 경청은 한 마디로 '특별한 방식으로 주의를 기울이는 것'을 의미하는데 주의를 기울이는 것은 경청에서도 매우 중요한 과정이다. 즉, 의도적으로 시비를 가리지 않고 현재 순간에 주의를 기울이는 것을 말하며 이것은 '지금 여기hear and now'와 비슷한 개념이라고 할 수 있다. 경청과정에서 상대방과 대화를 하는 그 순간 '지금 여기'에 주의를 기울여야만 좋은 경청을 할 수 있다. 마음 챙김 경청에서의 이러한 주의는 더 큰 자각과 명석함을 키우고 현재 우리의 삶이 오직 현재의 순간들 안에서만 펼쳐진다는 사실을 깨닫게 해 준다. 현재 순간에 주의를 기울이는 마음 챙김 경청은 우리가 대화하는 과정에서 요구되는 '깊은 경청'과 관련이 깊다. 앞에서도 이야기했지만 우리는 대화하면서 대화 자체에 집중하지 못하거나 수많은 생각들을 하면서 대화를 한다. 그러다 문득 '아, 내가 지금 듣고 있는 중이지!' 하고 화자의 말에 다시금 주의집중을 하지만 결과적으로 다른 생각을 한 만큼 화자의 말을 듣지 못하였기 때문에 대화의 전체 맥락을 놓치게 된 것이고 우리는 상대방의 말을 이해하지 못하게 된다.

마음 챙김 경청은 경청 시 우리의 이러한 문제점을 해결하기 위한 한 가지 방법으로서 효과적인 경청을 위해 꼭 필요한 과정이다. 마음 챙김 경청에서 특히 중요한 것은 상대방이 말하는 목소리의 크기나 톤, 손동작, 얼굴 표정 등에 주의를 기울이면서 화자의 말에 집중을 하는 것인데 이 경우 청자로서는 현재 상황에 대한 인식과 상대방에 대한 관찰이 선행되어야 한다. 물론 현실적으로 다른 사람이 말을 하는 동안에 청자는 수시로 다른 생각을 하고 있을 것이다. 만약 자신의 이러한 행동이 인지된 때에는 천천히 생각을 비우고 깊게 숨을 쉬면서, 수용적인 태도를 가지고 화자의 말을 주의 깊게 들어 보고자 노력해 본다. 이러한 과정은 대화 과정에서도 수차례 반복될 수 있다.

어쩌면 이것이 의도적인 경청태도를 가지는 것으로 느껴질 수도 있다. 하지만 의도적인 경청태도가 무조건적으로 지양되어야 할 것은 아니다. 이러한 태도도 가끔씩은 화자로 하여금 자신의 속마음을 분명히 말하도록 하는 데 있어 강력한 동기부여를 해 주기 때문이다.

대화 중간 화자의 말을 끊고 싶은 충동, 다른 사람의 생각을 앞질러서 결론을 내고 싶은 충동을 느낄 때 이러한 마음 챙김 경청은 자기 인식을 높여줌과 동시에 현재의 경청 순간에 주의를 기울이게 해 주는 효과가 있다. 일단 우리가 그것을 인식하게 되면 우리는 곧 다시 의도적인 경청행동에 우리의 에너지를 사용할 수 있다.

대화 과정에서 종종 청자는 화자에 대해, 화자는 청자에 대해 서로 다른 생각을 가질 수 있다. 그러나 그 과정에서 청자가 마음 챙김 경청의 태도를 취한다면 화자 입장에서는 더욱 깊고 넓게 말할 수 있는 기회가 주어진 것으로, 그 과정에서 쌍방 모두 이해의 폭을 넓히고 생각을 공유하게 될 수 있다. 지금까지 이야기한 것처럼 마음 챙김 경청은 현재 경청하는 순간에 주의를 기울이는 것이다. 청자와 화자는 그 과정에서 어느 순간 그들의 대화에 깊이 빠지게 되는데 이 순간을 바로 '몰입^{flow}'의 상태라고 할 수 있다. 대화과정에서 느껴지는 몰입은 인간관계를 개선하는 데 매우 큰 역할을 한다. 몰입의 저자 미하이 칙센트미하이$^{Mihaly\ Csikszentmihalyi}$는 그의 저서 '몰입의 즐거움'에서 인간관계에서의 몰입이 가져다 주는 의미를 다음과 같이 말하고 있다.

> 사람관계에서 마음이 무질서에 빠지지 않고 바람직한 질서를 유지하려면 적어도 두 가지 요건을 충족시켜야 한다. 하나는 우리의 목표와 다른 사람의 목표 사이에서 어떤 합치점을 찾아내는 일이다. 어떤 합치점을 발견하기란 어렵다. 그럼에도 불구하고 노력을 기울이면 대부분의 경우 아주 작은 합치점이라도 찾아낼 수 있다. 성공적인 어울림을 가능케 하는 또 하나의 조건은 다른 사람의 목표에 관심을 기울일 마음의 준비가 되어 있어야 한다는 것이다. 이런 조건들이 충족되면 다른 사람과 같이 있으면서 긍정적 결과를 끌어낼 수 있고 적절한 어울림에서 맛볼 수 있는 몰입경험을 하게 된다.

마음 챙김 경청은 일정한 범위에서 몰입의 경험을 할 수 있는 계기를 마련해 준다고도 할 수 있다. 몰입은 '지금 현재'에 주의집중할 때 나타나는 현상이다. 마음 챙김 경청을 하여 화자의 말에 집중할 경우 청자는 어느 순간 주위 환경의 영향을 받지 않고 오직 화자가 말하는 내용과 맥락, 그리고 화자의 언어적·비언어적 표현에만 주의집중하게 된다. 나아가 화자의 말과 표현들에 대한 형식적인 이해를 넘어 그 속에 담겨진 의미까지도 파악하게 되는데 결과적으로 화자를 깊이 이해하게 되어 긍정적인 유대관계를 구축할 수 있고, 특정 경우에는 화자의 말이 본래 청자가 가지고 있던 지식과 결합하여 새로운 것이 발견되거나 통찰하게 되는 계기가 되기도 한다. 이는 마치 과학자들이 외부에 드러나는 현상을 몰입하여 관찰함으로써 그 현상들 속에 내재되어 있는 규칙적인 그 무엇인가를 발견하게 되는 것과 비슷한 과정이라고 할 수 있다. 즉, 마음 챙김 경청은 무의식으로부터 깨어 있음으로써 깊은 경청을 하게 되는 과정이다.

　마음 챙김 경청은 자신의 마음속 혼란을 제거하고 현재에 집중하여 깊은 경청을 하게 함으로써 상대방이 제공해 주는 정보와 감정들을 잘 수용할 수 있도록 해 준다. 이를 통해 우리는 상대방을 더욱 깊이 이해하고 나아가 새로운 정보들도 잘 받아들일 수 있다. 이러한 마음 챙김 경청을 실천하기 위해서는 먼저 '마음 챙김'을 잘할 수 있는 방법을 이해하는 것이 중요한데 하버드 대학교 심리학과 교수인 엘렌 랭어Ellen J. Langer는 '마음 챙김mindfulness'과 '마음 놓침mindlessness'이라는 서로 다른 개념을 동시에 제시하고 있다.[32] 랭어 교수는 어떠한 행위에 관한 마음 챙김 접근법에는 다음과 같은 세 가지 특징이 있다고 하였다.

첫째, 계속해서 새로운 범주를 만든다.
둘째, 열린 마음으로 새로운 정보를 받아들인다.
셋째, 여러 가지 다른 관점이 존재할 수 있다는 것을 인정한다.

반면에 마음 놓침은 기존 범주에 갇혀 있고 새로운 신호에 반응하는 것을 막는 습관화된 행동을 말하며, 이는 한 가지 관점에서만 행동하는 것이라고 보았다.

대화 과정에서는 '마음 챙김' 상태와 '마음 놓침' 상태가 수시로 나타나 우리는 대화 시 이 순환 고리를 경험하면서 가급적 '마음 챙김' 상태에 놓이도록 주의를 기울일 필요가 있다. 그러나 '마음 놓침'은 이미 우리 주변 도처에 퍼져 있으며 이에 랭어 교수는 우리가 개인적으로 대인관계에서나 직장에서 사회생활을 하면서 겪는 모든 문제는 직·간접적으로 '마음 놓침'에서 비롯된다고 보고 '마음 챙김'이라는 개념에 대해 다음과 같이 다시 말하고 있다.

> 주변의 사람, 사물, 상황에 적극적으로 주목하고 그 맥락을 이해하려는 과정이 마음 챙김입니다. 마음이 굳어 있지 않은 상태라고도 할 수 있어요. 뭔가에 완전히 집중하고 깊게 관여하다 보면 여태껏 보지 못한 것들이 새롭게 보이기 마련이죠. 마음을 놓친다는 것은 그 반대입니다. 관성적으로 기존의 틀에

사로잡혀 다르게 생각할 수 있다는 것 자체를 인식하지 못하는 닫힌 경우를 말하죠. 비유하자면 집(몸)에 불은 켜져 있는데 사람(정신)이 없는 듯한 상태입니다.

랭어 교수는 마음 챙김의 문제를 창의성과 연결하여 설명한다. 이러한 마음 챙김 개념을 마음 챙김 경청에 적용하면 청자는 화자의 말과 내용을 다른 관점에서 이해하기도 하고, 화자와 생각이 다르더라도 서로 다른 관점을 가질 수 있다는 것을 인정하여 오히려 그 과정에서 새로운 관점과 접근법을 발견하기도 한다.

이처럼 명상과 마음 챙김 경청은 경청 기술을 향상시킬 수 있는 좋은 학습 방법이다. 따라서 기본적으로 마음 챙김 경청을 통하여 새로운 범주에서 새로운 정보를 받아들이고, 여러 관점이 공존한다는 사실을 받아들여 유연한 사고를 해 보도록 하자.

행복과 경청

행복한 삶에도 공식이 있을까? 하버드 대학교 인생성장보고서는 이러한 질문에 답을 하기 위해 작성되었다. 하버드대 연구팀은 1930년대 말에 입학한 268명의 삶을 72년 동안 추적하면서 바로 이 질문에 대한 답을 찾아 왔다.[33] 이 보고서는 연구 대상자들이 80대에 접어든 최근, '50대 이후 사람의 삶을 결정하는 가장 중요한 변수는 47세 무렵까지 만들어 놓은 인간관계'라는 결과를 발표하였다. 이 연구를 주도하고 있는 조지 베일런트George E. Vaillant 교수는 "행복하고 건강하게 나이 들어갈 것인지를 결정짓는 것은 지적인 뛰어남이나 계급이 아니라 사회적 인간관계이다."라고 하였고 성인 발달 연구에서 배운 것을 묻는 질문에서는 "인생에서 가장 중요한 것은 바로 타인과의 관계라고 생각한다. 타인과의 관계에서 그들의 이야기를 주의 깊게 듣고, 자신의 이야기를 진솔하게 나눔으로써 공감능력을 향상시키고 울림이 있는 목소리를 듣는 것이 중요하다."라고 하였다. 아마도 하버드대에서 연구하고 있는 268명의 삶에 있어서도 타인과의 관계 속에서 대화를 하고 공감을 받고 공감을 해 주는 부분이 중요한 행복의 요소일 것이다.

2005년 5월부터 영국의 소도시 슬라우에서 3개월에 걸쳐 사회실험이 이루어졌다.[34] '영국 BBC 다큐멘터리 행복'은 이 프로그램에서 얻은 성과들에 대해 상세하게 설명하고 있다. 이 보고서는 행복해지기 위해서는 좋은 우정이 필요하며 그러기 위해 개인적인 관계를 맺고 유지하는 기본적인 사회적 기술이 필요하다고 말한다.

> 친구를 잘 사귀는 것은 단순히 운의 문제가 아니다. 먼저 자신의 감정과 타인의 감정을 효과적으로 다룰 수 있어야 한다. 사회적으로나 감정적으로나 강건한 사람은 다른 사람이 슬퍼하거나 화를 내거나 질투에 사로잡혀 있거나 그저 혼자 있고 싶어 하더라도 당황하지 않고 잘 대처한다. 때로는 자신도 모르게 잘못된 메시지를 보낼 수도 있기 때문에 타인과 정보나 감정을 교환하며 의사소통을 할 수 있는 능력은 매우 중요하다.

이러한 점은 긍정 심리학에서도 많이 언급된다. 왜 친구가 필요한가에 대해 긍정 심리학자인 미하이 칙센트미하이는 다음과 같이 이야기하고 있다.

"대부분의 사람들은 남과 함께 있을 때 더 기분이 좋다. 그런데 역설적이게도 많은 사람이 할 일도 없으면서 집에 가서 혼자 있고 싶어서 죽을 지경이라고 한다. 그것은 정말 좋지 않은 상황이다. 정말로 하는 일이 없이 혼자 있다면 경험의 질도 곤두박질칠 것이기 때문이다."

슬라우 행복 만들기에서는 타인에게 좋은 친구가 되는 방법을 제시하였다. 제시된 방법 중 상당수가 대인관계에서 의사소통과 관련된 부분이다.

- 타인에게 관심을 가져라.
- 마음을 열라.
- 친구들과 새로운 도전을 하라.
- 자신 있게 행동하라.
- 활동적으로 생활하라.
- 남들이 신뢰할 수 있는 사람이 되라.
- 긍정적인 의사소통을 하라.
- 눈을 맞추라.
- 먼저 말을 걸라.
- 귀담아 듣는 법을 배우라.
- 친구를 거울삼아 자신을 들여다보라.
- 극단적으로 반응하지 말라.
- 혼자 있는 것에 익숙하라.
- 용서를 배우라.
- 사회생활로 친분을 쌓은 사람들하고만 사귀는 태도를 버려라.

그중에서도 특히 대인관계에 행복을 가져다주는 4가지에 대해서는 이를 구체적으로 살펴보고자 한다. 슬라우 행복 보고서에 나타난 4가지 설명은 다음과 같다.

'타인에게 관심을 가져라'

자기중심적인 사람은 행복을 얻을 수 없다. 친밀한 인간관계는 맺고 발전시켜 나가는 과정에서 빛나기 때문이다. 행복한 사람은 대개 자신이나 자신의 감정을 생각하느라 시간을 낭비하지 않는다. 오히려 자신을 둘러싼 세상에 관심의 초점을 맞춘다. 타인에게 관심을 가지는 사람이 자신밖에 모르는 사람보다 훨씬 더 행복하다.

'긍정적인 의사소통을 하라'

행복한 사람은 자신의 긍정적인 천성을 전달하기 위한 온갖 다양한 방법을 알고 있는 훌륭한 의사소통자이다. 목소리의 높낮이나 크기를 조절함으로써 자신의 이야기가 조금 더 흥미롭게 들리게 하고 표정이나 몸짓으로 타인에게 가지고 있는 관심을 표현한다. 스킨십도 이러한 사람들의 무기 중 하나이다. 스킨십으로 뇌와 신체에 화학적이고 육체적인 변화가 촉진될 수 있기 때문이다. 다른 사람의 행복에도 막대한 영향을 줄 수 있다.

'눈을 맞추라'

서로 눈을 맞추는 것은 정말 중요하다. 눈을 맞춘다는 것은 타인과 심리적으로 이어져 있으며 그들에게 받아 들여졌다는 증거이기 때문이다. 시선에는 분노, 애정, 관심, 열정처럼 다양하고 깊은 감정이 드러난다. 시선을 피하는 것처럼 나쁜 것도 없다.

'귀담아듣는 법을 배우라'

우리는 교제하는 과정에서 상대방의 말을 귀담아듣지 않고 어떻게 하면 재치 있는 말을 할 수 있을지에 대해서만 신경을 쓴다. 만약 친구가 아주 개인적인 이야기를 하고 있다면 그 이야기에만 집중하라. 이때 적절한 반응을 보이면서 들어야 효과가 확실하다. 당신의 친구는 당신이 자신의 상황을 잘 이해해 주기를 바란다. 친구가 이야기할 때 당신은 '음, 그렇구나.', '그 마음 나도 이해해.'와 같은 말을 하면 좋다. 말이 어렵다면 고개를 끄덕여주는 것만으로도 충분하다.

지금까지 개인과 경청에서 생각해 볼 수 있는 자기인식과 경청, 마음 챙김 경청 그리고 행복과 경청에 대해 살펴보았다. 개인의 삶이 자기 자신과 타인을 이해하고 행복한 삶을 사는 데에 의미가 있다면 개인에게는 경청도 인간관계를 향상시키는 하나의 중요한 의사소통 기술이 될 것이다. 이런 의미에서 개인도 경청의 의미를 잘 이해하고 작지만 지속적으로 경청을 인간관계 속에서 실천하는 마음을 가져야 할 것이라고 생각한다.

가정과 경청

가정에서의 경청은 오히려 소홀하기 쉽다. 가족 간 관계가 매우 가깝다고 생각하기 때문이다. 우리는 태어나서면서 부모나 형제자매 등과의 관계를 통하여 인간관계를 처음으로 형성한다. 물론 우리가 자라면서 '관계'는 많은 영역으로 확장되지만 제일 기본이 되는 관계는 역시 가족 간의 관계이다. 실제로 가족 관계에서의 좋은 의사소통은 좋은 관계를 형성시켜 주는 첫 걸음이기도 하다.

우리가 사회적 의사소통 기술을 배우는 첫 장소 역시 가정이다. 집에서 배운 의사소통 방식은 사회에서의 의사소통에 많은 영향을 미친다. 교류분석 심리학자인 에릭 번Eric Berne은 사람들이 기본적으로 '부모자아 상태', '어른자아 상태' 그리고 '어린이자아 상태'를 지니고 있다고 설명한다.[35]

부모자아 상태는 부모와 비슷한 감정, 태도, 행동 패턴이 나타나는 것을 말한다. 어른자아 상태는 현실에 적응된 감정, 태도, 행동의 일정한 패턴을 말하고 어린이자아 상태는 한 사람의 어린 시절의 유물인 감정, 태도, 행동 패턴의 영역으로 정의된다. 이러한 자아 상태는 가족과의 관계에서 경험한 다양한 사건들과 우리가 자라는 과정에서 심리적으로 형성된 태도에 그 근원이 있고 이 행동의 일정한 패턴으로서 나타나는 것은 아닌가 생각된다.

가정생활을 통하여 형성된 태도, 행동들은 가족들 간 성격과 의사소통에 많은 영향을 미치고 가족 내에서 의사소통 시 경청은 가족의 규모 및 형태, 가족이 놓인 환경에 영향을 받는다. 또한 가족이 사는 사회와 문화적 여건 역시 가족 의사소통에 많은 영향을 미치는 요소 중 하나이다. 즉, 가정은 가장 기본적인 사회생활 단위이면서 동시에 인격 및 의사소통 방법을 형성하는 중요한 장소이다. 이는 가족 내에서 일종의 정신적인 모델이 형성되고, 이 모델이 무의식적으로 가족구성원들의 정신세계를 지배하기 때문이다.

워링톤Debra L. Worthington과 피치하우저Margarete E. Fitch-Hauser는 『경청 : 과정, 기능 그리고 역량』에서 가족 간의 의사소통에 필요한 세 가지 요소로 '가족 간의 대화', '일치성', '자기노출'을 들고 있다.[36]

가족 간의 대화 |

가족 간 의사소통 시 주제 제한 없이 자유롭게 대화할 수 있는 분위기는 가족 구성원들이 서로의 말을 경청하고 편안함을 느낄 수 있도록 도와준다.

가족들은 자유로운 대화를 통해 사랑받는다는 느낌과 더불어 자신이 가족에게 수용되고 있다는 느낌을 받는다. 이러한 분위기에서는 자신의 생각 및 감정을 자연스럽게 표현할 수 있으며 가족 구성원들 역시 깊이 경청하는 분위기를 만들게 된다. 이렇게 가족들이 깊은 경청을 하게 되면 가족 구성원들 간의 대화 깊이가 깊어지고 대화의 질이 높아질 것이다.

가정에서부터 형성된 깊은 경청 습관은 자연스럽게 사회생활에서도 깊은 경청을 하게 만들어 준다. 경청은 가족의 분위기를 따뜻하게, 그리고 수용적 상태로 만든다.

일치성 |

일치성은 가족 간 의사소통이나 경청능력을 향상시키는 데에 있어 중요한 부분이다. 가족 간 대화에서는 언어적인 표현도 많은 부분을 차지하지만 비언어적 표현이 특히 중요하다. 비언어적인 표현을 통하여 가족을 사랑하는 마음, 수용하는 표현이나 태도를 보일 수 있기 때문이다. 그것을 받아들이는 가족 구성원들은 편안함과 더불어 가족의 정체성, 자신이 가족 구성원이라는 일치성을 느끼게 된다.

반면에 가족 간에 비언어적인 표현들을 해석하는 데 시간이 많이 걸리거나 일치성이 높지 않을 경우 이를 받아들이는 가족 구성원들의 입장에서는 혼란스러울 수 있다. 따라서 가족 내 효과적인 의사소통과 경청을 위해서는 가정 내에서 오가는 수많은 메시지 해석의 일치성을 높여야 한다. 이러한 일치성은 가족 간 친밀감의 정도를 나타내는 것으로 해석할 수 있는데 친밀감은 가족 간의 애정과 공감 및 수용된다는 느낌을 비롯하여 가족 구성원으로서 함께 한다는 강한 동기를 부여해 줄 것이다.

자기노출 |

 자기노출은 가족 간에 매우 중요한 표현수단이다. 기본적으로 신뢰를 바탕으로 자신의 생각과 느낌, 감정을 공유하는 것이 중요한데, 가족 간에 대화가 부족하다면 결과적으로 자기노출이 쉽지 않다.

 자기노출이 쉽게 나타나지 않으면 외부로 표현되는 극히 일부의 언어적·비언어적 표현에 의존하여 서로의 마음을 이해해야 하므로 상호 간 오해를 불러일으키기 쉽다. 이러한 자기노출의 문제는 특히 부모 자식 간에 많이 나타나는데 부모의 입장에서는 아이가 이해되지 않고 아이 입장에서는 부모가 이해되지 않는 부분이 있곤 한다. 따라서 부모는 아이와 대화할 때 일방적으로 말을 하기보다는 아이의 눈높이에 맞추어 대화하면서, 자신의 감정들을 정확하게 표현하고 자기노출을 하도록 한다. 또한 먼저 깊은 경청을 함으로써 아이가 자신의 속마음을 자연스럽게 말하게 하고 부모에게 자기노출을 많이 하도록 하는 것이 중요함을 인지하도록 하자. 아이는 부모의 의사소통 방식에 기초하여 많은 것을 배운다. 이렇듯 가족 내에서 부모는 아이의 의사소통 선생님이다.

 아이들의 대화법에는 몇 가지 단계가 있다. 아이는 처음부터 자신의 감정을 드러내지 않는다. 아이는 부모가 자신이 말하는 것을 받아들이는지를 확인할 때까지는 자신의 속마음을 표현하려 하지 않을 것이다. 그 전까지 아이가 부모에게 하는 말들은 형식적인 것이다. 그런데 부모가 지속적으로 아이의 말에 깊은 경청을 하면서 적절한 질문을 하거나 공감적 표현을 하고 아이의 대화에 눈높이를 맞추어 줄 경우 아이는 점점 대화의 문을 열게 된다. 이것이 바로 경청이 가지고 있는 힘이다. 만약 부모가 아이의 말을 중간에 가로막고 자신의 이야기만한다면 아이의 속에 있는 말을 어떻게 듣고 이해할 것인가? 따라서 부모는 아이의 말을 인내심을 가지고 끝까지 들어야 한다. 아이는 부모가 자신의 이야기를 경청하여 듣는다고 생각되면 비로소 자신의 이야기를 할지 말지를 고민하게 되는 다음 단계에 이른다. 다시금 부모의 경청태도가 진솔하다고 생각이 되면 자신의 이야기를 하고자 하는 마음의 결정 단계에 이르고, 그 이후에는 자신의 이야기를 두려움 없이 할 수 있는 것이다.

가족 내에서의 경청은 우리가 하는 모든 경청생활의 근본이 된다. 우리는 가정에서 가족을 통하여 제일 먼저 의사소통 기술을 배우고 이를 바탕으로 타인과 의사소통을 하는 사회적 존재로 성장한다.

하지만 가족은 너무 가까워서 오히려 경청을 소홀히 하기 쉬운 관계이기도 하다. 그러므로 우리는 이러한 가족관계의 특수성을 인지하고 가족 간의 경청 시 서로의 목소리를 조금 더 주의 깊게 듣고자 의도적으로 노력하는 태도를 가져야 한다.

조직과 경청

 조직은 매우 다양하다. 기업, 학교, 병원, 군대 및 기타 각종 비영리 단체 등 무수히 많은 조직이 있다. 이러한 조직 환경에서는 조직 간 의사소통이 매우 중요한데 조직에서의 효과적인 의사소통은 구성원들 간에 상호 유대감을 높이면서 창의적인 생각들을 표출하게 해 주는 원동력이 될 수 있기 때문이다. 조직 구성원들 간, 특히 관리자와 부하 직원과의 관계에서 관리자의 경청역량은 부하 직원의 직무성과를 높이는 데 많은 영향을 미치는 것으로 알려져 있다. 조직에서 경청은 가장 빈번하게 사용되는 의사소통기술 중 하나이다. 조직은 각 조직별로 다양한 형태의 조직문화를 가지고 있기 때문에 의사소통 방식에 있어 차이가 존재함에도 불구하고 경청은 어느 조직문화에서든 통용되는 가장 기본적인 소통 기술로 인식되어 왔다.

 조직에서의 관리자와 부하 직원 간 경청에 대한 인식에는 다소 차이가 있다. 관리자들은 대체로 자신이 잘 듣는다고 생각하는 반면 부하 직원들은 관리자들이 자신의 이야기를 잘 듣지 않는다고 생각하기도 한다.

 조직에서는 리더의 경청기술이 중요하게 여겨진다. 리더의 높은 경청기술은 조직 구성원들에게 업무에 대한 강한 동기부여를 해 주는 원동력이 된다. 일부 조직에서는 조직 구성원과 고객들의 이야기를 잘 경청함으로써 긍정적 소통문화를 형성하고 전략적 정보를 수집·처리하는 임원인 CLO(Chief Listening Officer)를 두는 경우도 있다. 경청능력이 높은 리더는 겸손하고 조직 구성원을 존중해준다. 그러한 리더는 조용하면서도 부드러운 운영을 하며 본인의 조직을 경청하는 조직으로 변화시키고자 한다.

호텔업계의 살아 있는 신화로 알려져 있는 메리어트 호텔 인터내셔널의 회장인 빌 메리어트(W. Bill Mariote. JR)는 그의 자서전인 『어떻게 사람을 이끌 것인가?』에서 리더로서의 경청의 중요성을 말하고 있다.[37]

> 잘 듣는 것은 훌륭한 매니저라면 반드시 연마해야 하는 매니저의 가장 중요한 덕목이다. 남의 말을 잘 듣지 않은 리더는 중요한 정보를 흘려보낼 위험을 안고 있으며, 직원이나 동료의 신뢰를 얻지 못하고 발 빠른 현장 매니저가 될 기회를 스스로 날려 보낸다. 반면에 리더가 잘 들어주면 직원들은 맡은 범위 내에서 성장할 수 있고 자신 있게 의사결정을 내릴 수 있다. 태어나면서부터 남의 말을 잘 듣는 사람은 없다. 오히려 잘 듣는 사람은 학습을 통해 남의 말에 귀를 기울이는 사람이 되었을 것이다. 귀를 열어두면 좋은 일이 생긴다는 것을 경험으로 알았기 때문이다.

화이자의 제프 킨들러(Jeff Kindler) 회장은 조선일보 위클리비즈와의 인터뷰에서 경영자로서 경청의 리더십을 발휘하는 것의 중요성을 다음과 같이 말하였다.[38]

저는 항상 하느님이 인간에게 귀 두 개와 입 하나를 준 이유가 반드시 있다는 말을 떠올립니다. 우리는 말하는 2배 이상을 들어야 합니다. 솔직히 바쁘게 돌아가는 일터에서는 와글와글 떠드느라 듣는 게 힘이 들 때가 있습니다. 하지만 리더는 좋은 결정을 내리기 위해 동료들과 조언자들이 어떤 말을 하는지 듣는 것보다 중요한 것은 없습니다. 화이자에서는 내부 구성원들 간의 커뮤니케이션에 가장 큰 신경을 씁니다. 이때의 커뮤니케이션은 반드시 양방향이어야만 합니다. 세계 곳곳에서 일어나는 경제 위기들과 수많은 정보를 스태프들과 허심탄회하게 이야기하다 보면 어디로 가야할지 방향이 잡힙니다. 따로 태스크포스팀을 가동하지 않고도 상황보고를 듣다 보면 어떤 지역에서 어떤 계획을 수립해야 할지, 단초를 잡게 하는 경우가 많습니다. 물론 최근의 경제 위기는 힘든 상황입니다. 하지만 기업을 경영하다 보면 이런 일들은 늘 일어나기 마련입니다. 위기에서든 안정적인 상황에서든 리더는 항상 같은 마음을 갖고 상황을 헤쳐 나가야 한다고 생각합니다. 그만큼 많이 듣고 많이 생각하는 리더십이 중요합니다.

조직에서 경청문화가 정립되기 위해서는 무엇보다도 학습하는 조직문화로의 전환이 중요하다. 조직 구성원들의 경청역량은 학습을 통해서 향상되기 때문이다.

피터 센게Peter M. Senge는 학습하는 조직이 따라야 할 5가지 규율로서 조직에서 시스템 사고, 개인적 숙련, 정신모델, 공유 비전 및 팀 학습을 들고 있다. 그중 팀 학습 규율에는 다이얼 로그와 토론

이 있는데 다이얼 로그로 팀원들은 많은 소통을 하고 그 과정에서 경청역량을 향상시킬 수 있다. 조직에서 운영되는 다이얼 로그는 복잡하고 난해한 사안을 다양한 관점에서 집단적으로 탐구한다. 개인들도 각자의 생각을 보유하되, 자유롭게 말하고 소통할 수 있으며 그 결과 심층적 경험과 생각을 온전히 드러냄과 동시에 각 개인의 관점을 넘어서는 더 넓고 자유로운 탐색이 가능해진다. 이를 위해 다이얼 로그에 참가하는 팀 구성원들 간에 깊은 경청이 있어야 하는 것은 당연한 일일 것이다.

조직 내에서 팀 학습과정을 통하여 경청능력을 향상시킬 경우 팀원 간 다양한 상호작용이 발생하게 되는데 이러한 상호작용은 자유로운 생각의 교환으로 이어진다. 이는 새로운 복합적 아이디어를 탄생시키거나 팀 단위의 역동적인 움직임을 발생시키고 강력한 동기부여를 하게 된다. 이러한 관점에서 성공적인 조직 성과를 창출해 내기 위한 경청역량 향상은 이제는 선택적인 것이 아니라 필수적인 것이 되었다.

조직 내에서 경청이 잘 안 되는 이유는 무엇일까? 조직이라는 특수한 환경에서 경청을 잘하지 못하는 원인에는 여러 가지가 있겠지만 본질적인 이유는 개인의 성격, 성향과 관련이 있다. 우선 조직에서는 상사와 부하라는 위계질서가 존재한다. 일반적으로 상사는 부하에 비해 더 많은 지시와 감독을 하고, 소통 시 이야기의 주도권을 갖고자 한다. 반면, 부하직원은 자기 자신보다는 상사의 스타일에 맞는 대화를 추구하게 되고 상사와 의견이 다르더라도 부하직원의 입장에서 의견을 개진하는 것이 쉽지 않다고 생각한다. 특히 서구와 달리 우리나라는 고맥락 사회High context society라는 특징이 있어 부하직원은 상사가 직접적이고 명확하게 의사전달을 하지 않더라도 상사의 이야기를 유추하여 해석하고 그 진의를 파악하고자 노력한다. 즉, 이러한 고맥락 사회에서 상사는 부하직원 앞에서 직접적으로 말을 하기보다는 비유나 은유, 줄임말 등을 써서 본인이 의도하는 이야기를 전달하며 부하직원은 상사의 면전에서 재차 질문하여 이해하지 못했던 사항들을 명확하게 해결하기보다는 나중에 유추해석하면서 불필요한 시간을 낭비하게 된다.

비영리단체 조직에서의 경청의 문제를 이해하는 것도 중요하다. 비영리단체 중 자원봉사 단체의 경우 특히 조직 구성원들 간 상호존중과 이해가 대단히 중요한데, 이러한 자세나 태도를 갖추기 위해서는 무엇보다도 경청하는 방법을 이해하고 학습하여야 한다.

자원봉사를 하는 사람들은 기본적으로 다른 사람을 돕는다는 마음을 가지고 있으며 타인의 이야기를 잘 들어주면서 일을 하는 데에 보람을 느낀다. 또 자신의 이야기가 타인에 의하여 깊게 경청이 된다고 인식할 때 자신도 타인에게 존중받는다고 생각한다.

이렇듯 조직이 어떠한 형태이든지 조직 내에서는 소통이 발생하고 그 과정에서 경청은 필수적인 역량이다. 특히 리더나 관리자로서, 상사로서의 주의 깊은 경청은 부하직원에게는 자신이 존중받고 있다는 느낌을 주고 그 결과 직무에 몰입하여 높은 성과를 창출하도록 해 주는 동기부여 요인이 된다는 것을 인식하여야 한다.

지금까지 관계에 따른 경청을 기본으로 하여 개인과 경청, 가정과 경청, 조직과 경청을 살펴보았다. 물론 이외에도 다양한 상황이 있을 것이다. 하지만 기본적으로 경청을 실천하는 과정은 유사하므로 앞에서 살펴본 것처럼 경청에는 일정한 과정이 있다는 것을 이해하고 해당 과정의 단계에 맞춰 적용해 볼 필요가 있다. 그리고 말하는 것과 질문하기, 주장하기를 통하여 경청을 보다 깊이 있게 이해하려는 노력도 필요할 것이다.

경청을 잘 하기 위해서는 일정 정도의 학습이 필요하다. 당장 우리 주위의 작은 상황에서라도 적용해 보자. 자기 자신에게 적용하면서 더 넓은 상황으로 나아가 보자. 이러한 과정을 통해 우리의 생각과 행동이 변화되어 결과적으로 타인들과의 관계가 좋아지고 행복한 삶을 살아갈 수 있다면 못할 이유가 무엇이겠는가?

제 6 장

경청의 미래

핵심 의사소통 기술로서 경청은 미래에도 새로운 역량으로 기능할 것이다.

정보가 넘쳐나는 환경하에 주의 깊은 경청의 필요성은 더 커지고 있고 인간관계의 심화를 위하여서도 공감과 공감적 경청은 필수적이다.

그리고 경청을 핵심 역량으로 하는 경청 리더십이 새로운 리더십으로 자리 잡을 것이다. 앞으로는 지금까지의 경청의 개념과 과정, 행동방식들을 그대로 유지하는 한편 많은 부분에서 변화 또한 예상된다. 여기에서는 새로운 환경에 다양하게 적응하여야 할 경청에 대한 몇 가지 사항을 살펴보고자 한다.

미래 역량으로서의 경청

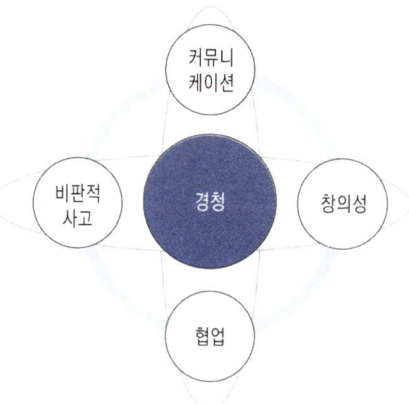

제4차 산업혁명이 도래하면서 기존의 역량 개념이 변화하고 있다. 글로벌 관점에서 21세기 기본 성공요인으로 4Cs Communication, Collaboration, Critical Thinking, Creativity 역량이 강조되고 있는데 그중 경청과 관련하여서는 세계경제포럼 보고서에서 '적극적 경청 active listening'을 4Cs에 포함된 하나의 역량의 하나로 들고 있다.[39] 즉, 경청은 21세기에 더욱 요구되는 기본 역량으로 간주되고 있다고 할 수 있다. 21세기에는 4Cs로 대표되는 사고 역량인 '비판적 사고'와 '창의성', 행동 역량인 '커뮤니케이션'과 '협업'을 갖추어야 한다. 경청은 이들을 상호 연계시키는 기본 역량이며 이러한 역량들을 상하좌우 상호 연결하여 생각과 행동을 변화시킨다고 볼 수 있다.

우리는 경청을 토대로 비판적 사고를 하여 다른 사람의 의견이나 비판을 수용하고 창의성을 발휘해야 한다. 커뮤니케이션과 협업에서 경청은 필수적이다. 4차 산업혁명 시대에 4Cs와 경청역량을 가진 사람은 효과적인 대인관계 구축 및 업무 수행이 가능할 것이며 그 관점에서 경청은 미래의 새로운 핵심 기초 역량으로 보아야 한다.

미래에서 경청이 필요한 영역은 또 있다. 인공지능 시대에서의 '기계-기계-인간의 삼각대화'가 바로 그것이다. 이 중 기계와 기계와의 대화에는 인간이 개입할 수 있는 여지가 별로 없다. 하지만 아직 기계가 인간을 대체하지 못하는 많은 부분들이 존재하고 기계-기계-인간의 삼각대화에는 인간이 개입할 여지가 많아 특히 경청이 필수적이다. 이러한 과정에는 언어적인 요소뿐만 아니라 감정 표현을 비롯한 많은 비언어적 요소들도 사용되므로 우리는 인간으로서 더욱 세심하게 주의 집중하여 들어야 한다. 기술이 발달한다고 하더라도 기계가 인간 본연의, 내면으로부터 나오는 감정을 충분히 표현할 수는 없다.

주의 깊은 경청

21세기 4차 산업혁명의 흐름 속에서 기계가 사람을 대체하는 등 인간과 기계는 '공존'하면서 살아갈 수밖에 없게 되었다.

이러한 기계화로 인해 인간소외 현상이 심화되는 등 인간의 외로움에 대한 심리는 점점 증폭된다. 인간은 사회적 동물로서 혼자 소외될까 늘 두려움을 가진다. 이러한 두려움을 제거하기 위해 주변 사람들과 교류하고 깊은 관계를 맺고자 하는데 이러한 인간관계를 형성·유지하는 데 있어 주의 깊은 경청은 필수적이다.

일단, 사람이 말을 많이 하는 경우에는 주의 깊은 경청을 잠깐 소홀히 하더라도 말하는 사람의 의도나 내용을 파악하고 대화의 흐름을 따라가는 것이 어렵지 않지만 말이 적은 사람의 경우 주의 깊은 경청 없이는 의사소통이 몹시 어려워진다. 말을 하는 경우에도 은유적인 표현을 많이 사용하므로 경청 없이는 말하는 사람의 의도나 내용 그대로를 파악하는 것이 어렵다.

때문에 주의 깊은 경청은 인간관계 형성의 근간이 되어야 한다.

인공지능 시대가 도래함에 따라 인간관계에 있어서도 사이버상의 연결성이 강조되고 있다. 이러한 상황에서는 직접 말을 하는 대신 말을 대체하는 수단들을 사용하게 되는데 그 예로 소셜 네트워크 수단을 들 수 있다. 이에 따라 우리가 만나는 사람들의 생활 양태가 달라지고 우리가 경청하고자 하는 대상·목적·방법·장소 등 다른 환경이 전개될 것으로 예상된다.

사람들 간 대면 대화는 줄고 SNS를 통한 소통이나 네트워크 협업은 늘어날 것이며 비대면 대화와 메일을 통한 업무 등으로 비동시성의 발생이 증가할 것이다.

이러한 환경에서 우리의 주의 깊은 경청역량은 한층 더 빛을 발할 수 있다. 21세기 4차 산업혁명 시대는 지금까지 우리가 알고 있던 지식의 개념들이 상당 부분 바뀔 수 있는데 그러한 지식들을 우리는 대화 및 주의 깊은 경청을 통하여 이해하고 습득하여야 한다. 즉, 경청과정에서 요구되는 새로운 정보를 받아들이고 이해·해석하며 평가하는 일련의 인지적 역량이 한층 더 깊이 요구될 것이므로 우리는 이에 대비하여야 한다.

이렇듯 새로운 기술은 우리가 들은 모든 정보들을 효율적으로 선택하도록 해 준다. 변화하는 경청환경은 우리의 듣는 방법에 또 다른 영향을 미친다.

앞으로 우리 역시 주의 깊은 경청을 하는 시간이 점점 적어질 것이다. 우리가 주의 깊은 경청을 하고 싶어도 주위 환경이 우리를 방해할 것이므로 새로운 경청환경에 따라 우리의 경청하는 방식에도 변화를 주어야 한다. 경청과 관련하여 21세기에 요구될 또 다른 역량은 '질문하는 것'이다. 급변하는 환경에서 경청하는 사람들은 탐구적 질문을 통하여 보다 창의적인 사고를 할 수 있고, 말을 적게 하는 사람들이 보다 많은 말을 하게 하여 그들이 말하는 의도와 내용을 정확하게 이해할 수 있다.

비대면 상황에서의 경청은 대면 경청에서 보여 줄 수 있는 공감적 표현이나 따뜻하고 인간적인 감정을 표현해 주는 비언어적 요소들을 충분히 표현하지 못할 것이다. 일단 의사소통의 약 70% 이상을 차지한다고 알려진 비언어적인 요소들을 충분히 활용하지 못하는 데에서 오는 다양한 어려움을 가진다. 그러므로 우리들은 우리가 만나는 한 사람 한 사람을 소중하게 대하고 그들이 말하는 내용에 대해 이해함과 동시에 화자의 감정을 어루만져주는 주의 깊은 경청과 질문을 지속적으로 해야 한다.

제4차 산업혁명의 도래는 우리의 의사소통 방식에도 영향을 미치고 있다. 비대면 방식 의사소통의 증가로 듣기와 말하기에 특히 많은 변화가 있으며 모든 것이 빠르게 이루어지는 상황 속에서 의사소통 역시 속도가 중시되고 있는 것이다. 비대면 의사소통 방식에서는 비언어적 요소들의 상당 부분이 주어지지 않기 때문에 한층 더 언어적인 요소에 의존할 수밖에 없고, 그 상황에서 주의 깊은 경청은 필수적이다.

정보의 홍수 속에서 우리는 정확한 정보를 선택할 수 있는 능력을 지녀야 한다. 이러한 변화에 대응함과 동시에 주의 깊은 경청에 대한 새로운 인식을 해야 될 때이다.

공감과 공감적 경청

21세기에는 앞서 살펴본 경청에서의 인지적 측면 못지않게 정서적인 측면 또한 많이 요구될 것이다. 경청은 정보를 받아들이는 역할과 더불어 인간과의 소통을 전제로 하는 것이므로 반드시 감정적인 면이 개입하게 되는데 인간의 마음을 다듬어주고 감정을 보살피는 부분은 인공지능을 갖춘 로봇이 하기에는 아직 한계가 있다.

이에 따라 인간관계에 어려움을 느끼는 사람에 대해 심리 상담을 하는 부분이나 코칭 분야, 또는 의사와 환자와의 관계 등에서 상대방에게 안정감을 주는 공감적 경청역량은 더욱 필요할 것이다. 많은 사람들은 제 앞에 닥친 문제들을 해결하느라 타인과의 관계나 대화에 소홀히 한다. 이는 타인과의 대화 및 관계를 '형식적'인 것으로 만드는데 이 때문에 인간관계에서 타인으로부터 공감을 받거나 이해를 받을 기회가 적어지고, 공감을 주고받기가 어려운 환경이 도래함에 따라 사람들은 자신의 감정을 표현하는 것을 꺼리게 된다. 즉, 타인의 말에 적극적으로 귀를 기울이지 않는 현상이 발생하는 것이다.

이러한 상황일수록 우리는 더욱 더 공감적 경청을 하여야 한다. 상대방과의 짧지만 소중한 만남의 시간 동안, 대화에서의 언어적 표현뿐만 아니라 비언어적 표현들까지도 파악하고 탐구적 질문을 잘 활용하여 깊은 대화를 하는 것이 필요하다.

21세기는 정보가 넘쳐나는 세상이며 우리의 집중력 또한 분산되기 마련이지만 그럴수록 깊은 대화를 통해 공감적 경청을 하는 정서적인 마음을 가져야 한다. 우리의 생활이 매우 바쁜 상황에서도 우리가 차분하게 마음을 정리 정돈하고 마음 한 공간을 비워둘 경우 여유를 가지고 타인의 대화에 귀를 기울일 수 있으며 공감적 경청을 할 수 있을 것이다.

이렇듯 4차 산업혁명 시대에서는 인지적 경청뿐만 아니라 정서적인 측면 또한 고려하는 공감적 경청이 한층 더 요구된다고 하겠다. 공감적 경청은 대화 상대방에게 심리적 안정감을 줄 뿐만 아니라 자기 자신에게도 정서적인 마음의 여유를 주어 자신의 삶에 대한 의미까지 한층 더 깊이 되새기게 해 주는 효과를 가져 올 것이다.

경청의 리더십

개인이든 조직이든 일을 하면 성과를 내야 한다. 성과를 내기 위해서는 '동기'가 필요하다. 이러한 동기에는 외재적 동기와 내재적 동기가 있는데 강한 보상이나 높은 명성 등은 외재적 동기, 일 자체에 대한 만족감이나 성취감 등은 내재적 동기에 해당한다. 강력한 동기는 일을 추진하고 행동을 실행하는 데 있어 도움을 준다. 이러한 동기의 인식은 행동으로도 나타나므로 자신뿐만 아니라 상대방에게 미치는 영향도 크다. 즉, 자신이 느끼는 동기 못지 않게 자신이 타인에게 주는 동기적인 요인, 그리고 자신이 타인으로부터 받는 동기적인 요인도 대인관계에 영향을 주며, 우리는 상대방과 대화 시 대화가 만족스럽게 진행될 때 강한 긍정적 동기를 부여받는다. 대화 과정에서 긍정적인 동기는 상대방으로부터 신뢰를 받고 자기 자신의 의견이 수용되었을 때 나타나며 이것은 주의 깊은 경청으로써 가능한 일이다.

경청은 인지적, 정서적, 동기적인 측면을 동시에 가지고 있다. 경청하는 과정에서 신뢰가 형성이 되면 적극적인 행동을 하고자 하는 긍정적인 동기가 부여된다. 청자가 적극적인 경청을 한다면 화자는 "저 사람이 내 말을 잘 들어 주네."와 같은 생각을 하게 되고 경청하는 사람을 신뢰하게 되어, 경청하던 사람이 화자가 되고 본인이 청자가 될 때, 화자의 의견을 수용할 가능성이 높아지는 것이다. 경청에서는 이를 '경청의 리더십'이라고 하는데 이러한 리더십은 타인에게 영향력을 행사하며 타인이 자발적으로 행동하게 한다.

이러한 상태는 대화 과정에서 화자 자신이 이야기를 하며 스스로 깨닫는 것이고, 대화를 하면서 점점 더 뚜렷하게 인식이 된다. 이후 이것이 현실적으로 밖으로 나타나 행동으로 이어지게 되는 것이다.

그러나 이러한 행동은 화자 혼자서 할 수 있는 것이 아니라 주의 깊은 경청을 하는 사람이 청자로서 화자와 함께 해야 가능하다.

결국 강한 동기를 부여하여 행동으로 이어지게 하는 것 역시 주의 깊은 경청이라고 할 수 있다. 이는 21세기 경청의 리더십으로 나타나며 경청 리더십을 어떻게 연습하고 수행할 것인지를 살펴보면 다음과 같이 정리할 수 있다.

- 마음을 안정시켜라.
- 듣기를 원하고 관찰하라.
- 먼저 듣고 나중에 말하라.
- 현재에 집중하라.
- 필요할 경우 기록하라.
- 몸 전체로 경청하라.
- 화자의 스피드에 맞춰라.
- 대화의 우수성을 기대하라.
- 감정을 조절하라.
- 질문과 단언적 자기주장을 하라.

새로운 경청전문가

　21세기에는 심리적·사회적 통합 관점으로서의 경청 및 경청전문가로서의 새로운 전문계층 탄생을 기대할 수 있을 것이다. 2018년도 영국에서는 세계 최초의 '외로움부 장관Minister for Loneliness'이 탄생했다. 영국은 '외로움'을 개인의 문제가 아닌 사회의 질병으로 간주한다.[40] 영국의 '조 콕스 고독위원회The Jo Cox Loneleness Commission'에 따르면 영국에서 고독으로 고통을 받는 사람들은 900만 명이나 된다고 한다.[41] 그리고 이 중 20만 명은 친구를 비롯하여 가까운 사람과도 단 한 마디를 하지 않고 지내는 것으로 밝혀졌는데 이는 비단 영국에서만의 문제는 아닐 것이다.

　외로움이 오래 지속될 경우 질병이 된다. 이 상황에서 외로움을 달래는 방법은 우선적으로 '대화를 하는 것'인데 외로움을 느끼는 사람들에게는 '말을 듣는 것'보다는 '말을 하는 것'이 외로움 해소에 더 도움이 된다.

많은 경험을 지니고 있는 사람들의 생각은 들을 가치가 있다. 이런 상황에서 경청은 단지 잘 들어주는 것만으로도 족하다. 하지만 오랫동안 대화를 하지 않고 외롭게 지내 온 사람들은 무슨 말부터 먼저 시작하여야 하는지를 아예 모를 수 있어 이때 경청하는 사람은 외로움을 가진 사람이 천천히, 온전히 자신의 생각을 말로 전달할 수 있도록 도와주는 것이 좋다. 사람은 말을 하고 듣는 과정을 통하여 인지능력을 회복하기도 한다.

인공지능 시대가 도래하고, 우리 사회가 점점 복잡해짐에 따라 외로움이나 고독감을 느끼는 사람들이 폭발적으로 늘어나고 있다. 이러한 현상은 그 누구와도 어울리지 않고 혼자 지내는 사람에게서만이 아니라 정상적으로 직장을 다니고 사회생활을 하는 사람들에게서도 부분적으로 나타난다.

그러므로 경청을 전문적으로 훈련받은 사람들이 필요하다. 경청은 단지 듣는 것뿐만이 아닌 듣는 훈련을 통하여 말을 하게 하고, 생각을 창조하며 행동을 변화시키는 역량 그 자체이다. 이러한 사람들, 즉 경청 전문가들이 외로움을 느끼는 사람들을 위해 봉사하는 일들이 사회 전반에 걸쳐 하나의 문화로서 자리 잡는다면 우리 사회의 외로움을 느끼는 사람들이 새로운 삶을 살게 하는 계기가 될 것이다.

21세기 새로운 경청 전문가 계층이 나타나고 이들이 사회 전반적으로 역할을 확대한다면 우리 사회가 자신의 말만 내세우기보다는 먼저 들어주는 사회가 되지 않을까 하는 생각을 해 본다.

제 7 장

경청의 연습

경청의 습관화

경청역량을 높이는 방법 중 하나는 대화할 때 말하는 것보다 경청을 하는 것을 '습관화'하는 것이다. 스티븐 코비는 『성공하는 사람들의 7가지 습관』에서 5번째 습관으로 경청을 하고 '먼저 이해하고 이해시켜라'를 들고 있다. 상대방을 먼저 이해하는 것을 습관으로 하는 것은 다른 사람의 준거 틀인 내면에 들어가서 다른 사람의 관점을 통하여 사물을 보는 것, 즉 그들이 세상을 보는 방식에 입각하여 세상을 보는 것을 말한다.

이때 우리는 그들의 패러다임과 감정을 공유하게 되는데 이것을 바로 '공감적 경청'이라고 한다.

안무가이며 현대 무용가인 트와일라 타프Twyla Tharp는 그녀가 무용가로서 창조적인 행동을 할 수 있는 것은 '지속적인 규칙과 습관의 산물'이라고 하였다. 우리가 타인의 말을 주의 깊게 듣고 그 과정을 통하여 새로운 아이디어를 발견해 낼 수 있다는 것을 고려해볼 때 경청을 습관화하는 생활패턴은 중요하다. 그리고 이러한 습관들은 일상생활에서 아주 작은 이야기라도 주의 깊게 듣고자 하는 태도와 마음가짐에서 출발한다.

글로벌 기업인 미국의 화이자 그룹의 전 회장인 제프 킨들러Jeff Kindler는 "아무리 바빠도 매일 거르지 않은 일은 무엇입니까?"라는 질문에 "왼쪽 주머니 속 동전 10개를 오른쪽으로 옮기는 일입니다."라고 대답하였다고 한다. 그는 매일 10개의 1센트 동전을 왼쪽 바지 주머니에 넣고 집을 나선다. 한 명의 직원과 대화하고 그의 고민이나 이야기를 충분히 들어 주었다는 생각이 들면 왼쪽 주머니에 있던 동전 하나를 오른쪽 주머니로 옮긴다. 매일 하루를 보낸 후 왼쪽에 있는 10개 동전이 모두 오른쪽 주머니로 옮겨가면 스스로 자신에게 100점이라는 점수를 준다는 것이다.

이렇듯 경청 습관을 스스로 들인다는 것은 효과적인 경청 기술을 향상시키는 데에 아주 유용하다. 매일 주의 깊은 경청을 하다 보면 다른 사람의 이야기 속에 포함되어 있는 수많은 숨은 이야기들을, 그리고 그 속에서 또 새로운 부분을 찾아 낼 수 있을 것이다.

끝까지 듣는다.

상대방이 말을 하는 동안 내가 말을 중단시키거나 혹은 내가 화자보다 더 많이 말을 하게 될 경우 화자의 말할 기회를 빼앗는 결과를 가져오게 되는데, 이 경우 화자인 말하는 사람의 속미음을 이해하지 못하거나 말하는 사람으로부터 많은 것을 배울 수 없다는 것을 인식하여야 한다. 따라서 경청할 때에는 화자가 말을 끝낼 때까지 주의 집중하여 듣는 습관을 길러야 한다.

중요한 핵심 사항은 메모하면서 듣도록 한다.

　메모는 기억을 잘하기 위하여 하는 것이라기보다는 그 순간에 온전히 대화에 집중하기 위해 하는 것이다. 메모하는 것은 좋은 습관이기는 하지만 경청하는 동안 그 메모 쓰는 행위가 주된 행위가 되어서는 안 된다. 어디까지나 메모는 부수적인 행동이고 주된 행동은 상대방의 말에 주의 집중을 하는 것이므로 경청하는 동안에는 너무 정성 들여 메모를 하기보다는 자신이 알아 볼 수 있을 정도 수준의 메모만을 하는 것이 바람직하다. 대화가 끝난 후 메모를 알아볼 수만 있으면 되고 그 메모를 다시 정리할 생각이 있다면 나중에 내용의 중요성을 감안하여 정리하면 되는 것이다. 메모에 모든 내용을 적을 수는 없을 것이므로 핵심 사항만을 빠르게 요약하여 정리하도록 한다.

상대방과 대화 내용에 대해 호기심을 가지도록 한다.

　주의 깊게 듣고자 하는 마음과 태도가 있다는 것은 기본적으로 상대방이 말하고자 하는 대화 내용에 대해 호기심을 가지고 있다는 의미이다. 호기심이 생겨야 상대방을 존중하면서 주의 깊게 듣고자 하는 마음과 태도 또한 생기게 된다. 이렇듯 호기심은 경청에 있어 중요한 요소이다. 호기심을 가지고 있을 때 우리는 궁금한 부분이 생겨나고 질문을 한다. 질문이 없다면 대화가 일방적으로 흐르다 멈추고 말 것이다.

　질문은 호기심을 유발하고 호기심은 질문을 유발한다. 경청에서의 호기심은 대화를 풍부하게 해 주므로 일상적으로 만나는 사람들과 사물에 대해 "왜?"라는 질문을 하며 호기심을 가져보는 것을 습관화해 보도록 하자.

현재에 집중한다.

지금, 현재 내 앞에 있는 상대방의 이야기에 집중하는 습관이 필요하다. 대화란 다시 재생하기는 어려운 것이므로 지금 현재 상황이 자신에게 주어진 최선의 상황이라 생각하고 대화에 충실하도록 한다. 만약 대화 시 다른 생각을 한다면 화자가 말하는 상당 부분을 집중하여 듣지 못함으로써 결과적으로 효과적인 대화를 이어나가기 쉽지 않을 것이다. 또한 우리는 뇌의 특성상 생각하고 말하는 차이로 인하여 듣고 있는 동안 자신도 모르는 사이에 잠깐씩 다른 생각을 하게 된다. 따라서 우리는 우리의 뇌의 특성을 이해하여 의도적으로라도 지금 현재에 집중하는 습관을 길러야 할 것이다.

대화의 우수성을 기대한다.

호기심에 더하여 중요한 것은 상대방과의 대화가 인간관계에서 매우 좋은 결과를 가져 올 것이라는 기대와 믿음이다. 일단 그러한 기대를 갖게 되면 청자는 최선을 다해 듣고자 노력할 것이고 화자는 청자의 그러한 마음과 태도를 보고 신뢰를 하게 된다. 이에 따라 청자의 말을 수용하는 정도가 높아짐으로써 상호 효과적인 대화를 할 수 있게 되는 것이다. 따라서 어떤 대화 상황에서든 '오늘 이 대화는 잘 될 거야'라고 스스로에게 다짐을 하고 대화에 임하는 것이 필요하다. 결국 대화의 우수성을 가져오게 하는 것은 청자의 마음이다.

몸 전체로 듣는다.

우리의 몸은 알게 모르게 우리의 속마음을 표현한다. 그러한 의미에서 신체언어라고도 하며 학자들에 따르면 다소 차이는 있지만 이렇게 비언어적으로 표현되는 것이 약 70%나 된다고 한다.

청자가 경청과정에서 아무런 움직임 없이 가만히 듣기만 하는 것은 그 자체로서도 힘들지만 효과적인 경청을 하는 태도나 행동이 아니다. 따라서 신체언어를 적절히 표현하여 '내가 잘 듣고 있어요!'라는 의미를 전달해 준다면 화자는 말을 하면서도 '청자가 내 말을 잘 듣고 있나?'라는 의문을 가질 필요 없이 대화에 집중할 수 있게 된다. 따라서 경청을 하는 동안 '내가 잘 듣고 있어요!'라는 메시지가 화자에게 전달되도록 몸 전체로 듣도록 한다.

화자의 대화에 보조를 맞춘다.

대화에 보조를 맞춘다는 것은 청자가 화자를 배려하면서 대화를 자연스럽게 흘러가도록 한다는 것이다. 화자의 소통 스타일에 따라 말을 빨리 하는 사람도 있고 천천히 생각하면서 하는 사람도 있다. 또한 특정 단어나 문장을 유난히 강조하고 너무 길게 설명을 하는 경우도 있다. 그러므로 우리는 사람에 따라 소통방식이 모두 다르다는 것을 인식하고, 화자의 말과 억양 그리고 내용의 변화에 대해 주의 집중하면서 화자의 특성을 파악하며 대화하는 것이 필요하다. 여러 번 강조하였지만 대화 실패의 책임은 청자에게 있다는 것을 명심하자. 우리 뇌에는 '거울 뉴런'이라는 것이 있어 대화를 한참 하다 보면 대화 쌍방 모두 비슷한 행동을 하고 있는 것을 알 수 있다. 만약 화자가 빨리 이야기하면 청자는 빨리 이해하도록 하고 화자가 천천히 말을 하면 청자 역시 천천히 이해하도록 한다. 만약 화자가 낮은 톤으로 대화하면 청자 역시 낮은 톤으로 말하며 대화의 보조를 맞춰 나간다면 보다 효과적인 대화가 될 것이다. 물론 청자와 화자는 각각 다른 성격과 입장을 가지고 있어 화자의 대화에 보조를 맞추기란 결코 쉽지 않은 일이지만 그래도 경청하는 입장에서 화자의 생각을 듣는 것은 의미 있는 일이므로 이런 행동을 하는 것을 불편해하지 말도록 하자.

감정을 관리한다.

화자와 대화 시 청자는 특별한 단어나 문장들이 자신의 가치와 일치하지 않아 마음이 불편해지는 경우가 종종 있다. 그렇다고 그러한 감정의 변화를 화자 앞에서 일일이 표현한다면 좋지 않은 대화 결과를 가져오게 될 것이다.

이럴 때 '마음 챙김 경청'을 통해 자신의 감정에 일어나는 현재 상태를 알아차리고 그것이 자연스럽게 사라지도록 하는 훈련을 지속적으로 하여 감정을 관리하는 것이 중요하다. 또한 청자인 자신에게 모든 대화가 전부 좋은 소리로 들릴 수만은 없다는 것을 이해하는 것이 필요하다. 사람들은 대부분 타인이 자신과 다른 견해를 가지고 있다는 것을 인정할 때 자신의 감정이 변화하는 것을 객관적으로 알아차리고 그것이 자연스럽게 가라앉는 것을 지켜볼 수가 있다.

경청의 습관은 단기간에 이루어지는 것은 아니다. 경청의 습관을 위한 연습에는 체계적인 접근이 필요하고 점진적으로 그것들을 다양하게 응용하여 활용함으로써 자신도 모르는 사이에 내재화되어 하나의 행동역량으로 나타나는 것이다.

즉, 경청의 개념들을 이해하였다는 것과 실제 생활에서 적용 및 활용하는 것은 별개의 문제이다. 그러므로 개념을 실재화하기 위해서는 반복 학습과 연습이 꼭 필요하다. 여기에서는 앞의 제1장과 제3장까지의 내용을 기초로 하여 경청 연습사항을 설정하였다. 이러한 경청 연습을 통하여 이 책에서 설명한 경청의 개념과 방식을 깊이 이해하고, 실제 생활에서 경청 상황에 맞게 다양하게 융합하여 적용하였으면 한다.

경청하고자 하는 마음 갖기

매일 경청하겠다는 마음을 갖지만 그 마음을 하루 종일 유지하기는 어렵다. 그러므로 일상생활을 하면서도 순간순간 "현재 내가 경청을 잘하고 있나?" 하는 질문을 하고 다시 경청하는 마음을 가지도록 한다. 경청하는 것이 일상의 습관이 되기 위해서는 여러 번 반복하여 우리 뇌에 각인시키는 것이 중요하다.

먼저 가정에서 식구들의 말을 잘 듣는 것에서부터 시작해 보자. 그리고 처음부터 모든 사람의 말을 다 잘 듣기는 어려울 것이므로 "오늘은 ○○○의 말을 잘 들어봐야지." 하고 그 사람의 대화에 집중하여 경청하는 태도를 갖추는 연습을 하자. 내일은 다른 한 사람을 지정하여 그 사람의 말을 경청하는 연습을 한다. 이렇게 매일 한 사람씩 지정하여 잘 듣는 연습을 지속적으로 하다 보면 어느 날 경청을 하지 않을 때 왠지 모를 불편함을 느낄 것이다.

경청하겠다는 마음을 가지는 것이 경청을 잘하는 첫걸음이다.

- 나에게 '경청하는 마음 갖기'는 무슨 의미인가?
- 오늘은 누구의 이야기를 잘 들어줄까?
- 내 주변에 경청을 잘하는 사람은 누구일까?
- 경청을 잘하는 사람은 어떻게 경청할까?
- 내가 경청을 잘 하면 상대방은 나에게 어떤 감정을 느낄까?
- 오늘 하루 동안 나는 잘 들었는가?

마음 챙김 경청하기

경청에 있어 주의집중은 매우 중요하기 때문에 짧은 순간 강한 주의집중을 할 수 있도록 지속적인 훈련이 필요하다. 마음 챙김 경청을 하기 위해서는 마음의 안정이 중요하며 마음의 안정은 우리가 호흡을 안정적으로 할 경우 가능하다. 따라서 마음 챙김 경청을 하기 전에는 호흡에 주의집중을 하면서 마음의 안정을 찾도록 한다. 그다음 우리의 생각을 내면으로 향하게 한 후 혹시나 우리가 가지고 있는 불안감이나 우울한 감정 등이 있는지를 관찰한다. 이때 자신의 마음상태를 객관적으로 관찰하는 것이 가장 중요하다. 자신의 마음을 주관적으로 볼 경우 자신과 그 상황을 동일시하는 것이므로 그 상황에서 빠져나오기가 쉽지 않기 때문이다. 그러나 객관적으로 관찰을 하게 되면 불안한 감정을 하나의 대상으로 인식하여 바라볼 수 있게 되므로 자신과 동일시하지 않게 되고 불안한 감정이 자유롭게 움직이는 것을 객관적으로 볼 수 있게 된다. 그러면 우리는 이렇게 생각할 수 있다.

'아, 불안한 감정이 자유롭게 돌아다니네. 지금 보니 불안한 감정이 사라지고 있구나.'

그러면서 우리는 불안한 감정으로부터 빠져나오게 된다.

작은 연습이 쌓여 그것이 우리의 습관으로 형성된다면 어느 순간에라도 자연스럽게 마음 챙김 경청을 하면서 경청준비를 하게 될 것이다.

- 나는 평소에 호흡을 어떻게 하고 있는가?
- 내 마음을 흔드는 감정의 요소들은 무엇인가?
- 나는 몇 분간 내 마음의 상태에 대해 주의집중을 할 수 있을까?
- 나는 마음 챙김 경청을 하면서 나의 마음 상태를 잘 인식하는가?
- 오늘은 누구와 대화를 하기 전에 마음 챙김 경청을 해볼까?
- 오늘 하루 동안 나는 마음 챙김 경청을 잘 했는가?

자신의 몸의 에너지 상태를 확인하고 듣기

대화라는 것은 쌍방 에너지의 흐름이라고도 할 수 있다. 서로 간 마음이 열린 상태일 경우 서로의 에너지 사용을 최소화할 수 있으나 마음이 닫힌 상태일 경우 상대방을 이해시키기 위하여 많은 에너지가 소비된다. 따라서 자신이 에너지가 없다고 생각될 경우에는 대화를 강행하기보다 중단하고 잠시 쉬는 것이 좋다. 음악을 듣는다거나, 밖에 나가서 바람을 쐬거나, 잠시 멍하니 있거나, 운동을 하는 등 에너지를 확보하는 노력을 하도록 한다. 우리의 에너지 상태는 수시로 변화하는 것이므로 경청을 준비하는 단계에서 '경청을 할 에너지'라는 의미를 보다 깊이 이해할 필요가 있다.

- 나는 내 몸의 에너지 상태를 인식하고 있는가?
- 나는 하루 중 어느 시간대에 에너지가 가장 충분한가?
- 나는 몸에 에너지가 부족한 경우에도 경청을 하고자 하는가?
- 나는 에너지가 없을 경우 어떤 경청유형을 나타내는가?
- 에너지가 충분할 때와 부족할 때 각각 경청하는 것이 다르다고 느낀 적이 있는가?
- 나는 에너지가 부족할 경우 어떠한 방법으로 에너지를 보충하는가?

마음을 알아주는 사람으로서 듣기

칼 로저스는 판단적 경청과 공감적 경청을 구분하였다. 공감적 경청은 일단 대화 상황에서 판단적 기능을 잠시 내려놓는 것이다. 내 입장에서 판단하고자 하는 충동을 억누르고 대화 상대방이 말하는 바에 주의집중하면서 잠시 그 사람의 입장에서 생각해 본다.

이 사람이 자신의 내면의 소리를 내게 말해주고 있는 것인지 아니면 그저 형식적인 대화만 하고 있는 것인지 등을 느껴보는 것이다. 오늘 하루만큼은 다른 사람들과 대화하면서 판단적 경청을 일단 내려놓도록 하자. 대화 내용에 대해 '판단을 하여야겠다'는 생각이 들면 호흡을 하면서 마음을 다잡고 다시 들어보고 입에서 의견이 나오려고 하면 일단은 숨을 쉬면서 참아본다.

이러한 과정을 두세 번 거치면 어느새 차분해져 공감적 경청을 하는 나 자신을 발견할 수 있을 것이다. 그러면 상대방은 자신의 마음을 알아주는 사람과 대화를 하고 있다는 생각을 한다.

- 내가 공감적 경청을 받는다고 느낀 것은 어떤 사건인가?
- 내가 공감적 경청을 받는다고 느꼈을 때 나의 마음은 어땠는가?
- 나는 판단적 경청을 하는 편인가, 공감적 경청을 하는 편인가?
- 나는 어떤 경우에 공감적 경청을 하는가?
- 나는 특히 누구를 대상으로 공감적 경청을 해보고 싶은가?
- 나는 어떻게 마음을 알아주는 사람으로서 경청을 연습할 수 있을까?

침묵의 소리를 듣기

경청에는 말을 듣는 것뿐만 아니라 침묵도 포함된다. 우리는 상대방이 아무 말을 하지 않고 침묵하더라도 얼굴 표정 등 비언어적 행동을 보고 그 의미를 이해할 수 있다.

대화 상대방이 침묵 상태를 유지하는 동안 우리는 침묵의 소리를 들어야 한다. 대화 상황에서 상대방이 잠시 침묵을 유지하는 경우에는 대상을 가만히 바라보면서 상대방의 비언어적인 표현들을 관찰해 보도록 한다. 침묵은 화자에게 말할 시간을 주는 것이다. 화자가 생각이 깊어져 말을 중단하는 시간이 길어지더라도 일단은 한번 조용히 기다려 주자. 이렇게 우리가 만나는 사람들과의 대화가 잠시 중단되더라도 조용히 경청을 실행한다면 어느 순간 '침묵의 소리'를 듣는 '침묵의 경청'을 하게 되는 경험을 가지게 될 것이다.

- 나는 하루 동안 얼마나 침묵을 하는가?
- 나는 대화 상대방이 침묵을 할 때 어떻게 반응을 하였는가?
- 나는 대화 시 침묵을 하는 편인가 말을 적극적으로 하는 편인가?
- 두 눈을 감고 외부의 소리들을 차단하며 진정한 침묵의 경청을 해 본 경험이 있는가?
- 나는 침묵을 잘 유지하고 있는 사람과 대화해 본 경험이 있는가?
- 나는 어떻게 '침묵의 경청'을 연습하고 실천할 수 있을까?

지각하면서 듣기

'지각하기'는 우리가 듣는 소리와 음의 구조를 인식하는 것으로 소리를 통하여 외부 정보를 획득하는 데 있어 필수적인 단계이다. 먼저 우리 주위의 소리를 듣는 연습을 한다. 조용히 눈을 감고 우리 주변에 무슨 소리가 들리는지 귀기울여 보자. 집에서는 냉장고 돌아가는 소리, TV에서 나오는 소리, 바람이 불어 창문이 흔들리는 소리들이 들려온다. 들판에 나가서는 자연의 소리를, 도시를 걸으면서는 자동차 소리, 경적 소리 등을 들어보자. 시장에 가서는 흥정하는 소리들을, 음악회에서는 음악 소리를, 어느 때에는 카페에 앉아 옆 사람들이 대화하는 소리를 들어 보자.

어느 소리가 우리가 듣기에 좋은 소리인가? 자주 만나는 한 사람을 마음속으로 선정하여 그 사람의 언어적·비언어적 표현들을 지속적으로 보고 들으며 그 의미를 파악해 보자. 때로는 평소 의식적으로 듣지 않던 가족의 목소리에 주의를 기울여 보자. 가족의 목소리에 변화가 느껴지는 때가 있는가? 사람의 목소리에는 감정이 깃들어 있기 때문에 우리는 그 소리를 들으면서 기뻐하기도 하고 슬퍼하기도 한다. 이러한 소리를 깊이 있게 느끼는 것은 우리의 지각하기 능력이 깊어질 때에 가능한 일이다.

- 나를 둘러싸고 있는 소리들은 어떤 소리들인가?
- 나는 어떤 소리들을 듣기 좋아하는가?
- 나의 목소리는 다른 사람에게 어떻게 들릴까?

- 나는 누구의 목소리를 잘 듣고 싶은가?
- 내가 생각하는 비언어적 요소의 특징들은 무엇인가?
- 나는 어떻게 '지각하기'를 연습하고 실천할 수 있을까?

주의집중하면서 듣기

경청에서 주의집중은 전체 경청의 과정을 조절하는 효과도 있다. 주의집중 연습은 TV 토론 프로그램을 활용하는 것이 하나의 방법이 된다. 각각의 토론자 각자의 말을 들으면서 토론자가 중요하다고 강조하는 말이나 생각이 무엇인지를 파악하자. 또는 영화나 TV 드라마를 보면서 대화의 흐름을 좌우할만한 대사를 주의 깊게 들어보는 방법도 있다.

일상생활에서도 주의집중을 할 수 있는 경우는 많다. 가정에서, 직장에서, 사회에서 우선적으로 주의집중 경청을 하는 자세를 가지도록 한다.

그렇다고 한 단어나 문장에 대해 너무 깊게 들어가거나 집착하여서도 안 된다. 대화는 흐름이기 때문에 너무 한곳에만 주의집중을 하면 오히려 전체적인 대화의 흐름을 잃어버릴 수가 있다. 따라서 전체 대화의 흐름은 이어가되, 선택적 주의집중을 하는 연습을 하는 것이 중요하다. 가정이나 직장에서 한 사람을 선정하고 그 사람의 말을 하루 동안 집중하여 들어보자. 곧 그 사람이 즐겨 사용하는 단어나 문장, 대화 패턴을 발견할 수 있을 것이다.

- 나는 평소에 주의집중을 하는 편인가?
- 나는 어떤 상황에서 주의집중력이 높아지는가?
- 나는 얼마나 주의집중을 지속시킬 수 있는가?
- 내가 주의집중을 하여 들어야 하는 대상은 누구인가?
- 내가 생각하는 선택적 주의집중의 의미는 무엇인가?
- 나는 어떻게 '주의집중'을 연습하고 실천할 수 있을까?

이해하면서 듣기

'이해하기'는 빈 의자 기법을 활용하여 연습을 해 보자. 빈 의자를 놓아두고 1인 2역을 하는 방법인데 자신이 화자가 되기도 하고 청자가 되기도 한다. 이는 평소 자신이 말을 하거나 듣는 입장에서, 즉 한쪽의 역할만을 수행하면서 가슴 속에 차 있던 감정을 분출해 내도록 연출하는 하나의 심리치료기법이다. 이러한 과정을 통해 말만 해 왔던 사람은 자기가 듣는 입장이 되어볼 수도 있고 자신이 생각하는 다른 사람에게 자신이 하고 싶었던 이야기도 해 볼 수 있다. 자신이 1인 2역을 하는 것이므로 일종의 제약이 있을 수 있지만 이해하기 방법으로서 한번쯤 시도해 보는 것도 나쁘지 않다.

이러한 역할 바꾸기는 평소에는 생각하지 않던 상대방의 입장에서 생각해 볼 계기를 만들어 준다. 내 앞에 빈 의자가 놓여 있다면 내가 그 의자에 앉고 다른 의자에는 다양한 사람을 설정할 수 있을 것이다. 누구를 말하는 사람으로 설정할 것인가? 하는 문제는 우리의 자유이다. 과거에 누군가와 나눈 대화 상황을 생각해보면서 내가 빈 의자에 앉아 듣는 입장이었을 경우 내가 아는 그 누군가가 말을 할 때 과연 나는 그 사람이 하는 말을 온전히 듣고 이해했을까? 생각해 보자.

- 내가 지정하는 빈 의자에는 누구를 앉게 할까?
- 내가 잘 안 들었던 대화 상황은 어느 상황이며 왜 안 들었던가?
- 나는 지금 생각하면 당시 그 사람의 말을 어느 정도로 이해하였는가?
- 나는 다른 사람의 빈 의자에 앉았던 경험이 있는가?
- 나는 진정으로 이해되어졌다고 느낀 적이 있는가? 그때 당시의 느낌은 어떠했나?
- 나는 어떻게 '이해하기'를 연습하고 실천할 수 있을까?

해석하기와 평가하면서 듣기

경청에서 이해하기, 해석하기, 평가하기는 상호 유기적으로 연계되어 있고 이 과정을 기억과 연관시킴으로써 우리는 새로운 생각을 창조할 수 있다. 해석하기 연습은 얼굴 표정을 보는 것에서부터 시작하자. 얼굴 표정은 너무나 다양하고 섬세하며 순간적으로 나타났다 사라지므로 우리는 그것들을 관찰하는 연습을 하여야 한다. 전시회의 명화 속 등장인물의 표정을 통하여 화가가 진정 말하고자 하는 의미를 생각해 보거나 TV 드라마의 음성을 줄인 후 주인공이 무슨 말을 하고 있을지 유추해 보자. 집에서나 회사에서 평소에 잘 관찰하지 않았던 한 사람을 대상으로 그 사람의 손동작 등을 관찰해 보자. 그 사람은 무슨 말을 할 때 어떤 얼굴 표정을 짓는가? 그 동작이 반복되는가?

가끔씩 자신의 얼굴 표정을 거울을 통하여 살펴보는 것도 좋다. 과연 나는 어떤 얼굴 표정을 짓고 있는가? 기쁠 때의 표정, 슬플 때의 표정, 우울할 때의 표정 등은 과연 어떻게 나타날까?

평가하기의 경우 대화 과정에서 사실과 의견을 추론해 보는 연습을 한다. 추리 드라마를 선정하여 사실과 의견, 추론을 구별해 보거나 대화를 하면서 상대방이 말하는 내용이 사실인지, 추론인지를 구별해 보는 것이다. 가끔씩은 감정적인 대화에서 그 감정이 사실인지 지나친 감정적 호소인지를 평가해 보도록 한다. 대화에는 이러한 모든 것들이 혼합되어 있기 때문에 우리는 잘 듣고 평가하여야 한다.

- 나는 평소에 감정에 따라 어떤 얼굴 표정을 짓는가?
- 나는 평소 내가 사랑하는 사람의 얼굴 표정을 잘 관찰하였는가?
- 나는 전화 통화 시 상대방의 목소리에 얼마나 신경을 쓰면서 듣는가?
- 나는 대화에서 사실과 의견, 추론을 구별한 적이 있는가?
- 나는 사람들의 얼굴표정을 보고 그 사람이 무슨 생각을 하는지 아는 편인가?
- 나는 어떻게 '해석하기'와 '평가하기'를 연습하고 실천할 수 있을까?

기억하면서 듣기

화자에게 주의집중을 하면서 중요한 사항이 있을 경우 멘털 리허설을 한다. 멘털 리허설이라는 것은 아주 짧은 순간에 화자가 말한 주요한 내용을 머리와 입속으로 몇 번이고 반복하는 것이다.

라디오를 듣거나 TV를 볼 때, 선택적 경청을 통하여 화자의 말에서 중요한 사항을 선별하고 그것을 기억하는 멘털 리허설을 해 본다. 그리고 방금 멘털 리허설을 한 것을 말해 보아라. 멘털 리허설은 아주 짧은 순간 여러 번 하는 것인데 그 이유는 이것을 오랫동안 할 경우 대화의 흐름을 놓칠 수가 있기 때문이다. 실제 음을 밖으로 내지 않으면서도 단기 경청 멘털 리허설을 머릿속으로 하면서 동시에 대화를 이어가야 한다. 즉, 화자의 특정 단어나 문장에 대해 순간적으로 멘털 리허설을 하면서 대화를 하고 또 중요한 사항이 있으면 멘털 리허설을 하면서 다시 대화의 흐름을 이어가는 것이 중요하다. 여기서 문제는 대화에서 무엇을 중요한 것으로 선별할 것인가인데, 그것은 대화의 맥락에 따라서 다를 것이다.

대화가 끝났을 때는 멘털 리허설을 한 것만 기억에 남는다. 그리고 중요한 것이라고 생각되는 것을 메모하고 보관하거나 다시 여러 번 소리를 내어 반복한다면 단기기억에서 장기기억으로 전환되는 것이 보다 용이할 것이다. 상황에 따라 멘털 리허설 과정에서 새로운 생각이 창조되기도 한다.

- 나는 평소에 기억을 잘하는 편인가?
- 나는 어떤 상황에서 기억을 잘하는가?
- 나는 경청을 하면서 기억하기에 많은 노력을 하는 편인가?
- 나는 좌뇌형 인간인가 우뇌형 인간인가?
- 나는 누구를 대상으로 멘털 리허설을 하고 싶은가?
- 나는 어떻게 '기억하기', 특히 멘털 리허설을 연습하고 실천할 수 있을까?

반응하면서 듣기

'반응하기'는 언어적·비언어적 표현으로 나타나기 때문에 먼저 자신이 대화 과정에서 평소 어떠한 반응을 하는지를 생각해 보는 것이 중요하다. 언어적인 표현을 많이 하는지, 주로 많이 사용하는 단어나 문장들은 어떤 것들인지, 혹은 비언어적인 표현, 즉 얼굴 표정이나 손동작 등 다양한 비언어적 표현을 할 때 특히 어떤 행동을 습관적으로 많이 하는지를 알아야 한다.

이 경우 대화 상대방에게 자신이 어떻게 반응하는지를 말해 달라고 부탁한다. 조금 어색할 수는 있지만 실제 자신이 경청과정에서나 이후에 반응을 어떻게 하는지를 아는 가장 확실한 방법이다. 그리고 자신의 언어적인 반응과 비언어적인 반응의 관계에 대해서도 물어본다. 그리고 그것을 보았을 때의 느낌이 어떠했는지도 함께 물어보면 좋다.

사람은 보통 언어적 행동과 비언어적인 행동이 상호 일치하면서 일관되게 나타나는 사람을 신뢰한다. 우리는 우리도 모르는 사이에 미세한 행동을 외부로 나타낸다. 하지만 정작 그 미세한 행동이 우리의 심리 상태나 성격을 나타내 주는 중요한 요인임을 잘 모르고 있다. 그러므로 그 미세한 행동들이 상대방의 신뢰와 수용에 영향을 미친다는 것을 인식하며 우리는 그것을 살펴보아야 한다.

- 나는 평소 대화 상황에서 어떠한 반응적인 행동을 하는가?
- 나는 평소에 비언어적인 행동이 조금 과하다고 생각하지 않았는가?
- 나는 사람들이 나에게 반응할 때 어떤 행동을 좋아하는가?
- 나는 대화 상황에서 웃음이나 하품, 한숨 등의 행동을 나도 모르게 한 적이 있는가?
- 나는 평소 대화 상황에서 상대방의 미세한 행동을 관찰하는 편인가?
- 나는 어떻게 '반응하기'를 연습하고 실천할 수 있을까?

사람 중심으로 듣기

우리가 들을 때 대화하는 상대방에 대해 그 사람을 중심으로 생각하고 듣는 것을 관계 지향적 경청이라고 한다. 관계 지향적 경청유형으로 듣고자 할 경우 중요한 것은 자신의 성격유형을 잘 아는 것이다. 기본적으로 자신이 사람들을 좋아하는 성격인지 아닌지를 파악할 필요가 있다. 서로 비슷한 성격을 가진 사람과 대화했던 경우를 떠올리며 그때의 감정이 어떠했는지를 생각해 본다.

일단 가정에서나 직장 혹은 사회에서 만나는 사람 중에 나와 성격이 비슷한 사람을 선정하고 그 사람과 대화를 해 보도록 한다. 만일 자신이 관계 지향적인 경청유형을 가지고 있지 않더라도 일단 자신이 사람과의 관계를 다른 것보다 중요하게 여긴다고 생각하면서 상대방의 말을 들어 본다. 자신이 관계 지향적 성향이 아닌 경우에는 이러한 행동이 힘이 들 것이다. 우리는 항상 우리가 원하는 성격 유형의 사람들만을 만나서 대화를 할 수는 없으므로 다양한 사람들을 만나는 상황에서 사람을 중심에 두고 사람과의 관계를 중요시하여 듣는 관계 지향 경청유형을 꾸준히 연습해 보도록 한다.

- 나는 나의 성격유형을 잘 알고 있는가?
- 나는 평소에 어떤 유형의 경청유형을 선호하는가?
- 나는 나의 성격유형과 경청유형이 관계가 있다고 생각하는가?
- 나는 어느 경우에 관계 지향적 경청유형을 나타내는가?
- 나는 나와 다른 성격을 가진 사람과 대화할 때 어떤 감정을 느끼는가?
- 나는 어떻게 '관계 지향적 경청유형'을 연습하고 실천할 수 있을까?

업무 중심으로 듣기

우리가 들을 때 대화하는 상대방보다는 업무를 더 중요시하고 업무 중심으로 대화하면서 듣는 것을 과업 지향적 경청이라고 한다. 자신의 관심사가 사람인지 일인지를 파악해보자. 일상에서 매일 만나는 사람을 대상으로 하루만 업무를 중심으로 듣는 과업 지향적 경청유형을 적용해 보자. 먼저 주변에 과업 지향적인 경청유형을 가진 사람을 찾아본다. 아마 이러한 유형은 직장에서 많이 찾아볼 수 있다.

만약 상사가 과업 지향 경청자라면 상사를 잘 관찰한다. 대상자를 관찰하면서 과업 지향적인 경청유형을 어떻게 행사하는지를 파악하고 과업 지향적인 사람의 특징에 맞는 행동을 의도적으로 해 보면서 어떻게 반응하는지를 살펴 본다.

대부분 업무를 중심으로 듣는 사람은 자신의 듣는 행동인 과업 지향적 경청 태도를 명확하게 나타낸다. 아마도 이것은 많은 조직에서 익숙하게 보아 온 듣는 태도일 것이다. 자신이 사람 중심으로 듣기를 좋아하는 사람이라면 이러한 듣기 방식이 불편할 수 있다. 그러나 실제 업무현장에서는 업무 중심으로 듣는, 즉 과업 지향 경청 행동이 많이 나타나므로 그들을 이해하는 데 있어 한 번쯤 이 유형으로 듣는 연습을 하는 것도 의미가 있다고 할 수 있다.

- 나는 나의 성격유형을 잘 알고 있는가?
- 나는 나의 성격유형과 경청유형이 관계가 있다고 생각하는가?
- 나는 평소에 과업 지향 경청유형을 선호하는가?
- 나는 어느 경우에 과업 지향 경청유형을 나타내는가?
- 나는 나와 다른 성격을 가진 사람과 대화할 때 어떤 감정을 느끼는가?
- 나는 어떻게 '과업 지향적 경청유형'을 연습하고 실천할 수 있을까?

내용 중심으로 듣기

내용 중심으로 듣기는 사람·업무와 관계없이 대화 내용 자체, 즉 '데이터'에 중심을 두고 듣는 것으로 분석 지향적 경청유형이라고 한다. 우리 주변에서 분석 지향적 경청유형이 나타나는 경우를 찾아보자.

대표적으로 물품을 구매하는 상황을 들 수 있을 것이다. 판매자는 구매자에게 물품을 팔기 위하여 데이터를 기반으로 물건에 대해 설명하며 이때 경청하는 입장, 즉 구매자의 입장에서는 그 데

이터의 신뢰성을 생각해 보고 판매자에게 질문을 한다. 그러면서 판매자의 대응 태도를 살필 것이다. 이때 입장을 바꿔서 자신이 판매자라고도 한번 생각해 본다. 물건을 꼼꼼하게 살피면서 이런저런 질문을 계속해서 하는 사람이 앞에 있다면 기분이 어떨까?

실제 실생활에서도 자주 있는 상황이며 평소 분석 지향적 경청 유형을 연습해 둔다면 이러한 상황에서도 당황하지 않을 것이다.

- 나는 나의 성격유형을 잘 알고 있는가?
- 나는 평소에 대화할 때 데이터를 중시하는가?
- 나는 경청 시 어느 경우에 분석 지향 경청유형을 나타내는가?
- 나는 분석 지향 경청유형을 가진 사람과 대화할 때 어떤 감정을 느끼는가?
- 나는 분석 지향 경청유형의 장단점에 대해 생각해 본 적이 있는가?
- 나는 어떻게 '분석 지향적 경청유형'을 연습하고 실천할 수 있을까?

비판 중심으로 듣기

비판 중심으로 듣기는 전체적으로 대화가 주제와 맞는지에 대하여 적절성, 타당성을 생각하면서 듣는 방식이다. 이렇게 듣는 태도를 비판 지향적 경청유형으로 듣는 것이라고 한다. 비판 중심으로 듣기는 비판적 사고를 향상시키는 데에도 도움이 된다.

비판 지향적 경청을 연습할 때에는 TV 토론을 이용하는 것도 좋은 방법이다. 토론은 찬성과 반대 쌍방의 의견을 대립적으로 전개시켜 나가는 것이므로 토론자의 대화를 비판적으로 경청하면서 그 논지와 내용을 파악하는 연습을 한다. 찬성과 반대의 토론자가 하는 토론 요지를 처음부터 끝까지 경청하면서 전체적으로 찬성과 반대 각각의 논리가 확실한지를 파악해 본다.

쉽게는 의견이 서로 다른 모임이나 개별적인 상황에서도 비판 지향적 경청을 연습할 수 있다. 이때 대화 내용에 대해 의문이 생기더라도 일단은 끝까지 들어보도록 한다. 그러면 중간에 가졌던 대화에 대한 의문이 풀리는 경우도 있고 대화 전체적으로 화자가 주장하고자 하는 의견이 일치하는 것을 파악할 수도 있다. 만약 대화가 길게 이어질 것 같다면 적당한 시점에 대화를 요약하면서 대화의 정당성을 판단하는 것도 하나의 방법이다. 비판 지향적 경청 연습에는 기다림도 필요하다. 대화를 부분적으로 판단하기보다는 전체적으로 조망하며 메타 분석적으로 판단하는 훈련을 스스로 하는 것이 중요하다.

- 나는 나의 성격유형을 잘 알고 있는가?
- 나는 평소에 대화할 때 상대방의 말에 비판을 자주 하는 편인가?
- 나는 어느 경우에 비판 지향적 경청유형을 나타내는가?
- 나는 비판 지향 경청유형을 가진 사람과 대화할 때 어떤 감정을 느끼는가?
- 나는 대화가 길어지는 경우에도 참고 들으면서 전체적으로 생각을 하는 편인가?
- 나는 어떻게 '비판 지향적 경청유형'을 연습하고 실천할 수 있을까?

시간 중심으로 듣기

시간 중심으로 듣는 사람은 매사에 시간 관리를 하면서 시간을 소중하게 생각하는 사람이다. 따라서 이러한 사람은 듣기에서도 듣는 시간에 대해 특히 민감하다.

시간 지향 경청유형을 연습하고자 한다면 우선 자신이 매우 바쁜 상황에서 대화를 해 보자. 스스로가 바쁜 상황에서는 시간을 중요시할 수밖에 없을 것이므로 자연스럽게 시간 지향 경청유형이 나타난다. 먼저 자신의 시간 지향 경청유형이 어떻게 나타나는지를 관찰하고 효과성을 생각해 본다. 반대로 자신이 시간 지향 경청유형을 나타낼 경우 상대방의 반응 또한 살펴 본다.

가정에서나 직장에서 혹은 사회생활에서 특정 상대방을 선정하여 그 사람이 바쁜 시간에 대화를 요청한다면 아마도 그 사람은 자신도 모르는 사이에 시간 지향 경청유형을 나타낼 것이다. 상대방이 시간 지향 경청유형을 나타낼 때 화자인 자신이 느낀 감정을 생각해 보자. 긍정적인가 부정적인가?

사실 대부분 대화들의 내용을 분석해 보면 불필요한 내용들이 많이 있다. 좋은 대화란 내용을 정확하게 압축하여 상대방의 머리에 기억되도록 말하는 것이다. 대화에서도 최소의 단어와 문장의 사용으로 최대의 효과가 나타나는 대화는 아주 경제적이다. 시간 지향 경청유형 연습을 하면서 대화 역시 효과적으로 하는 방법도 같이 생각한다면 좋을 것이다.

- 나는 나의 성격유형을 잘 알고 있는가?
- 나는 평소에 시간 지향 경청유형을 선호하는가?
- 나는 어느 경우에 시간 지향적 경청유형을 나타내는가?
- 나는 시간 지향 경청유형을 가진 사람과 대화할 때 어떤 감정을 느끼는가?
- 나는 대화에 많은 시간을 사용하면 초조해지는 기분을 느끼는가?
- 나는 어떻게 '시간 지향적 경청유형'을 연습하고 실천할 수 있을까?

맥락 중심으로 듣기

맥락 중심으로 듣기는 대화의 배경이나 상황 또는 화자의 감정까지 종합적으로 고려하여 듣는 것이다. 따라서 맥락 지향적 경청유형은 경청을 하는 과정에서 대화가 나타난 배경이나 상황, 그리고 대화자의 감정을 특히 중요하게 생각한다. 즉, 맥락 지향 경청유형을 선호하는 사람은 현재 대화의 상황을 포함하여 다양한 요소들을 고려한다. 만약 어떤 사람이 평소에 하지 않던 행동이나 말을 한다면 왜 그러한지에 대해 생각하는 것이다. 이러한 유형의 사람은 상대방이 말을 전부 할 때까지 들어주는 편이다. 화자가 하는 말의 일부만 들어서는 전체 상황과 배경을 충분히 판단하기가 어려울 것이기 때문이다.

물론 맥락 지향 경청유형을 선호하는 경우에도 단점은 있다. 대화 상대방이 경청하는 사람의 의견을 빨리 듣고 싶어 하는 경우에는 맥락 지향형 경청자의 이러한 경청방법이 답답하게 느껴질 수 있다.

하지만 맥락 지향 경청유형은 대화의 배경을 고려함과 동시에 말하는 사람의 감정까지도 세심하게 배려하므로 어느 대화 상황에서도 적용이 가능하다. 특정 대화 상대방을 선정하여 대화의 기회를 가져보도록 하자. 가능하다면 우리에게 말하고 싶어 하는 사람을 선정하자. 짧은 대화라도 좋으니 대화를 하면서 화자가 말하는 배경과 환경 그리고 대화 전체의 의미를 파악하면서 분위기를 느껴 보고 화자의 말하는 감정까지도 헤아려 볼 수 있도록 한다.

한편, 반대로 자신과의 대화를 꺼리는 사람을 선정하여 대화를 시도해 보는 것도 한 가지 방법이다. 그 사람은 대화자로서 자신과 말하기를 어려워하기 때문에 그 과정에서 대화의 배경과 감정을 파악하는 맥락 지향적 경청을 해 볼 수 있기 때문이다. 이 경우 평소 자신이 대화 중간 중간 관여하는 성격이라 할지라도 참고 끝까지 상대방의 말을 들어 본다.

대화에서 말을 하지 않고 참는 것도 하나의 경청 연습이다. 이러한 연습을 통하여 자신이 과연 맥락 지향적 경청에 적합한 사람인지를 생각해 볼 필요가 있다.

- 나는 나의 성격유형을 잘 알고 있는가?
- 나는 평소에 맥락 지향 경청유형을 선호하는가?
- 나는 어떤 경우에 맥락 지향적 경청유형을 나타내는가?
- 나는 맥락 지향 경청유형을 가진 사람과 대화할 때 어떤 감정을 느끼는가?
- 나는 대화의 전체적인 상황과 배경을 파악하지 못하면 답답해하는가?
- 나는 어떻게 '맥락 지향적 경청유형'을 연습하고 실천할 수 있을까?

지금까지 경청을 각 분야별로 연습하였다. 연습만으로 경청의 모든 분야를 습관화하기는 쉽지 않으나 꾸준한 연습을 통하여 우리는 경청을 이해하고 이를 자신의 생각과 행동을 변화시키는 기초 역량으로서 접근할 수 있다. 경청 연습을 하는 사람들은 하루하루 경청의 열쇠를 사용하는 방법을 익히고 그 열쇠로 사람들의 마음의 문을 열어 신뢰와 수용을 얻을 것이다. 그리고 상대방 역시 경청을 잘 하는 사람으로 변화시킬 것이다.

사람은 혼자서 살 수 없다. 우리는 삶의 다양한 형태를 마주하면서 웃고 기뻐하고 울고 슬퍼한다. 그 과정에서 어떤 사람은 마음에 기쁨을 간직하며 대화를 하고 어떤 사람은 슬픔을 간직하며 －누군가 자신의 이야기를 들어주기를 바라면서－ 대화를 한다.

우리는 경청을 왜 알아야 하는가? 그것은 그 사람들의 기쁨과 슬픔을 같이 공유하고자 함이 아닐까? 기뻐서 누군가에게 자신의 마음을 보여주고 싶은 사람, 슬퍼서 위로받고 싶어 하는 사람, 너무 괴로워서 마음이 꽁꽁 얼어붙은 사람들과 같이 기뻐하고 슬퍼하면서 서로를 이해하고자 경청을 하는 것이다.

경청의 학습과 실행 과정은 정지된 것이 아닌 순환적인 것이다. 꾸준히 연습을 하여 각자가 익힌 것을 토대로 자신만의 경청역량을 키워보도록 한다. 경청은 우리의 생각과 행동을 변화시키는 하나의 기초 역량으로서 그것은 내재적으로 인지·정서·동기의 구성을 지니고 있다고 하였다. 우리는 이것을 체계적으로 이해하고 실행하려는 노력을 하여야 한다.

경청은 21세기에 요구되는 비판적 사고, 창의성, 커뮤니케이션 및 협업역량 그 중심에서 상호작용을 지원해 주는 기본적인 역량이다.

이번 장은 경청의 이해, 경청의 과정 및 경청의 행동과 연관된 부분들을 '연습'하도록 구성했다. 아무쪼록 이러한 연습을 꾸준히 하여 경청이 사고와 행동에 영향을 미치는 역량이라는 것을 깊이 이해했으면 하는 마음이다.

REFERENCE
참고문헌

1 Rankin. P. T. (1926). The measurement of the ability to understand spoken language. Unpublished doctoral dissertation. University of Michigan, Michigan.
2 Listening Facts. (2008). International Listening Association.
3 Emmert, V. (1996). President's perspective. *International Listening Association Listening Post*, 56. 2−3.
4 Reed, Stephen K. (2006). 인지심리학. 박권생 역(2007). 서울: 시그마프레스.
5 Mehrabian, Albert. (2007). Nonverbal Communication. Rutgers.
6 Sand, Ilse. (2010). 센서티브. 김유미 역(2017). 서울: 다산북스.
7 Cain, Susan. (2012). 콰이어트. 김우열 역(2012). 서울: 엘에이치코리아.
8 Collins, Jim. (2001). 좋은 기업을 넘어 위대한 기업으로. 이무열 역(2012). 서울: 김영사.
9 Gladwell, Malcolm. (2013). 다윗과 골리앗. 선대인 역(2014). 서울: 21세기북스.
10 Davenport, Thomas H. & Beck, John C. (2001). *The Attention Economy*. Harvard Business School Press.
11 Covey, Stephen R. (1989). 성공하는 사람들의 7가지 습관. 김경섭 역(2003). 서울: 김영사.
12 Cuddy, Amy. (2015). 프레즌스. 이경식 역(2016). 서울: 알에이치코리아.
13 Rogers, C. R. (1980). 칼로저스의 사람중심 상담. 오제은 역(2007). 서울: 학지사.
14 Ekman, Paul. (2003). 얼굴의 심리학. 이민아 역(2006). 서울: 바다출판사.

15 Navarro, J. (2008). 행동의 심리학. 박정길 역(2010). 서울: 리더스 북.
16 Brown, N. (2015). Edward T. Hall: Proxemic Theory, 1966. CSISS Classics.
17 John Cage's 4'33". Youtube.
18 Bostrom R. N. (2011). Rethinking Conceptual Approaches to the Study of "listening". The International Journal Listening, 25: 10－26.
19 Hull, C. J. (1967). Principles of Behavior and Introduction of Behavior Theory, 1st ed. Upper Saddle River, NL:Pearson Education, Inc.
20 Olson, M. H., & Hergenhahn, B. R. (2009). 학습심리학. 김효창·이지연 공역(2009), 서울: 학지사.
21 Watson, K. W., Barker, L. L., & Weaver, J. B.(1995). The listening styles profile(LSP－16): Development and validation of an instrument to assess four listening styles. International Journal of Listening, 9, 1－13.
22 Brownell, J. (1985). A Model of listening instruction: Management applications. Business Communication Quarterly, 48, 39－44.
23 Lobdell, C. L., Sonoda, K. T., & Arnold, W. E. (1993). The influence of perceived supervisor listening behavior on employee commitment. *The Journal of the International Listening*, 7, 92－110.
24 한국은(2010). 관리자의 경청유형이 부하 직원의 신뢰와 수용에 미치는 영향. 한국기술교육대학교 대학원 박사학위논문.
25 Sinek. S. (2009). 나는 왜 이 일을 하는가? 이영민 역(2013). 서울: 타임 컨텐츠.
26 Berger, Warren. (2014). 어떻게 질문해야 할까? 정지현 역(2014). 서울: 21세기북스.
27 Marquardt, Michael J. (2006). 질문 리더십. 최요한 역(2010). 서울: 흐름출판.
28 Cloud, Henry & Townsend, John. (1992). Boundaries. Zondervan.com.
29 Haney. V. L., & Mazzola. L. (2005). Management. Pearson Prentice Hall.
30 Krishnamurti, J. (1992). 관계. 장순희 역(2005). 서울: 고용아침.

31 Wheatley, M. F. (1999). 현대과학과 리더십. 한국리더십학회 역(2001). 서울: 21세기북스.

32 Langer, Ellen J. (1997). 마음챙김 학습혁명. 김현철 역(2016). 서울: 더퀘스트.
Langer, Ellen J. (2014). 마음챙김. 이양원 역(2015). 서울: 더퀘스트.
Langer, Ellen J. (2016). The Power of Mindfulness Learning. DA CAPO Press.
Langer, Ellen J. (2014). Mindfulness. DA CAPO Press.

33 Vaillant. G. E. (2002). 하버드 대학교·인생성장보고서 행복의 조건 이덕남 역(2010). 서울: 프런티어.

34 Hoggard. Liz. (2005). 영국 BBC 다큐멘터리 행복. 이경아 역(2006). 서울: 예담.

35 Stewart, I. (1992). 에릭 번. 박현주 역(2009). 서울: 학지사.

36 Worthington, D. L., & Fitch-Hauser, M. E. (2012). Listening Processes, Functions, and Competency. Allyn & Bacon.

37 Bill, J. W. Marriott Jr. (2014). 어떻게 사람을 이끌 것인가? 이지연 역(2015). 서울: 중앙MB.

38 조선일보 위클리 비즈 팀. (2010). 세상과 비즈니스를 움직이는 구루를 만나 물었다. 위클리 비즈. 서울: 21세기북스.

39 World Economic Forum. (2016). The future of jobs: Employment, skills and workforce strategy for the fourth industrial revolution. Retrieved from http://www.weforum.org/reports/the-future-of-jobs.pdf

40 A connected society; A strategy for tackling lonelenee-laying the foundations for change, Department for Digital, Culture, Media and Sport. London. October2018.

41 http://www.jocoxloneleness.org

경청의 실행 – 생각과 행동 변화의 DNA

초판 1쇄 발행 2021년 3월 15일

지은이 　한국은

발행인 　임재환

편　집 　정유미, 이돈우　　표　지 　유승환
마케팅 　임한호　　　　　　디자인 　강명희

발행처 　㈜유비온
등　록 　제22-630호(2001.4.17)
주　소 　서울시 구로구 디지털로 34길 27 대륭포스트타워 3차 601호
전　화 　02-3782-8839 (편집)
　　　　 02-3782-8789 (위탁거래 문의)
　　　　 02-3782-8788 (현매거래 문의)
팩　스 　02-3782-8890

ISBN 　978-89-5863-585-7 (93330)

※ 책값은 뒤표지에 있습니다.
※ 파본은 구입하신 서점에서 교환해 드립니다.
※ 이 책은 저작권법에 의하여 보호를 받는 저작물이므로 무단전재와 복제를 금합니다.